1 职场第一课

航运物流从业
第1课 【第三版】

黄伟明 谢尚伟 周瑞清 著

厦门大学出版社
XIAMEN UNIVERSITY PRESS
国家一级出版社
全国百佳图书出版单位

图书在版编目（CIP）数据

航运物流从业第一课 / 黄伟明，谢尚伟，周瑞清著
. -- 3 版. -- 厦门：厦门大学出版社，2023.10
（职场第一课丛书）
ISBN 978-7-5615-9148-2

Ⅰ．①航⋯ Ⅱ．①黄⋯ ②谢⋯ ③周⋯ Ⅲ．①航运-
物流管理-职工培训-教材 Ⅳ．①U695.2

中国版本图书馆CIP数据核字(2023)第196266号

出 版 人　郑文礼
责任编辑　王扬帆
美术编辑　李夏凌
技术编辑　许克华

出版发行　厦门大学出版社
社　　址　厦门市软件园二期望海路 39 号
邮政编码　361008
总　　机　0592-2181111　0592-2181406(传真)
营销中心　0592-2184458　0592-2181365
网　　址　http://www.xmupress.com
邮　　箱　xmup@xmupress.com
印　　刷　厦门集大印刷有限公司

开　　本　720 mm×1 020 mm　1/16
印　　张　17.5
插　　页　1
字　　数　220 千字
版　　次　2017 年 9 月第 1 版　2023 年 10 月第 3 版
印　　次　2023 年 10 月第 1 次印刷
定　　价　68.00 元

本书如有印装质量问题请直接寄承印厂调换

厦门大学出版社
微信二维码

厦门大学出版社
微博二维码

二版序一

因为工作关系，我有幸结识了世邦集运（厦门）有限公司总经理黄伟明先生。通过一年多来在厦门市国际货运代理协会工作上的配合（本人是会长，黄伟明是副会长兼秘书长），以及在中远海运集装箱运输有限公司厦门公司与世邦集运（厦门）公司业务合作中的多次联系和交流，我十分钦佩他为人处世的风格——低调、务实、热情，充满责任感和使命感。此次受邀为他的专著《航运物流从业第一课》的修订版作序，深感荣幸。

我从事航运物流行业超过二十年，也曾出版过一本行业图书，读完黄伟明先生的著作，眼前为之一亮：语言朴实、内容翔实、阐述清晰、通俗易懂。书中很多议题和论点说出了我的心里话，对今天航运物流业的从业者包括管理者，具有十分贴切的现实指导意义。

航运物流业是世界经济的"晴雨表"，既充满艰辛又肩负光荣的使命，它见证了国家经贸发展的历史进程，更为实现老百姓对美好生活的向往搭建了通向梦想的桥梁。因此，行业从业者需要掌握一些基本的专业知识，怀着一颗感恩的心，培养良好的沟通技巧和敏锐的市场洞察力，打造一个学习型的团队，勇于迎接挑战，以拥抱航运物流业的锦绣前程。

匆匆读完，掩书思益，是以为序。

周敢飞
厦门中远海运集装箱运输有限公司总经理
厦门市国际货运代理协会会长
2017 年 11 月 15 日

二版序二

为好友黄伟明先生的著作《航运物流从业第一课》再版题序，甚感荣幸。伟明先生是我在工作中认识多年、令我十分尊重的同人，他平易近人、豁达开朗、善于学习、知识渊博，热心行业公益，积极探索行业的发展趋势，具有良好的职业素养。

今闻悉伟明先生编撰了《航运物流从业第一课》，既惊讶又欣喜。惊讶的是伟明先生在如此繁忙的公司、社会团体工作中，尚能抽出点滴时间，结合专业工作中大量事务与案例深入思考，对航运物流企业管理要素展开细致的梳理和总结，为行业提供了良好的研究借鉴资料，实为难能可贵。欣喜的是伟明先生胸怀坦荡，分享数十年从业经验，为广大新生代职场人提供了难得的学习提升机会。

当前中国的国际航运物流行业正面临重大转型时期，支持国际航运物流业持续高速发展的基础条件发生了重大变化。新时期新常态下，国际航运物流行业如何顺势而为良性发展，是非常值得探讨的课题。其中，中国经济结构的调整、经济增长方式的转变、国际贸易便利化的趋势等因素，均对国际航运物流行业的未来发展产生深远的影响。此时，伟明先生以从事航运物流业数十年所积累的丰富企业管理经验，辛勤笔耕，无私奉献，撰写了极有参考价值的《航运物流从业第一课》一书，令人钦佩。书中的素材是伟明先生智慧的结晶，涵盖了企业文化建设、员工队伍培养、业务市场分析、行业发展趋势探讨等多个方面,内容丰富翔实,很值得业内同人细细品味。

值此新书再版之际,预祝各项工作一切顺利,并期待伟明先生有更多更好的专业著作出版。

李林海

上海市国际货运代理行业协会秘书长

2017 年 11 月 17 日

初版序一

世邦国际企业集团中国大陆地区事业处海西地区总经理黄伟明（Johnny）出版新书《航运物流从业第一课》，邀请本人为其题序，能为优秀同人的著作写几句推荐语，本人甚感荣幸。

Johnny 于 2002 年加入世邦，15 年来孜孜不倦地努力奋斗，深刻领会世邦的文化和经营理念，是一位领导特质非常鲜明的专业经理人。依个人长时间观察，他因具有洞察先机、塑造愿景、创新求变、沟通协调、自我反省、胆识担当、诚信正直等特质，所以他所领导的海西地区的企业，每年业绩评比都能拔得头筹，蝉联冠军。他是不可多得的人才，也是世邦集团最珍贵的财富。

Johnny 以其深厚的航运货代素养，专注研究现代管理书籍，尤其在厦门总经理任内，因职责关系，致力探讨企业经营与营销技巧，并按时对内发表"每周一文"，颇具宣教价值。现将多年累积的经验心得，抽空形诸文字，并收录一些管理与航运方面的信息，使得理论与实例相互印证，更易深入其精髓。他用简明直接的语言，呈现出简单有力的信念，以飨同人，是一本可读性很高，且非常实用的好书。本人于春节前得到《航运物流从业第一课》的校样，利用连续假期已先睹为快。

在这本书中，Johnny 分享了他在世邦 15 年学到的观念、策略和技巧，并进一步把当年学习的成果，用多年来的职场经验加以检视、调整、更新。所以《航运物流从业第一课》是他15年来的心血结晶，这些"秘密武器"不仅适用于企业，更适用于我们的人生，可作为世邦集团内部培训暨同人进修的通用教材。

在知识经济时代，如何善用知识，提升集团同人专业能力，并培育良好的企业文化，使其结合成最佳的组织战斗力，诚为当务之急。关于如何使企业达到"人尽其才"的目标，发挥企业潜在的竞争力，过去Johnny在其"每周一文"中已有诸多阐释，此次在本书中又做了系统的整理，必然可作为企业团队最理想思维模式的启发。

敢于追梦是企业领导人的基本动能，平凡与成功的差别就在于成功的人不忘初心，敢于追梦前行。Johnny著书立论，正应验了古人所说的"立功、立言、立德"，也就是他已经从"立功"的战场升华到"立言、立德"的境界，实在令人钦佩。

值此本书即将付梓之际，谨缀数语，郑重推荐，敬祈共享之。

李健发

世邦国际企业集团董事长

2017 年 3 月 3 日

初版序二

　　好友黄伟明先生邀我为他的新作《航运物流从业第一课》作序,伟明先生是我司在台湾地区总代理世邦国际企业集团的优秀职业经理人。我深感荣幸同时又颇为惊讶,我知道伟明先生工作繁忙,业绩斐然,我一直对他忠于职守、积极进取的职业操守,开朗豁达、勤奋好学的处事风格非常钦佩,只是很难想象他还有时间来写长篇大作,怀着好奇心,我阅读了他的样稿。

　　在书中,伟明先生将其数十年在航运物流业实践中摸索的经验体会和相关的专业知识整理成七个章节加附录约十五万字。本书对于新入职场的员工是很好的培训教材,即使对久经职场的老员工也是一部很好的经营管理参考书。

　　在当今市场经济环境下,企业间的竞争十分激烈,要想在竞争中胜出,关键在人、在团队。因此,如何选好人、用好人、培养好人、建设好团队,是个十分重要的课题,伟明先生在书中分享了他的经验,值得借鉴。

　　市场上企业管理类的书籍很多,但由企业管理者自己撰写经验之谈的不多,此书有此特点,值得一读。

徐秋敏

中外运集装箱运输有限公司总经理

2017 年 3 月 18 日

三版前言

2022年5月28日,在厦门筼筜湖畔的金雁酒店,《激情创业第一课》新书发布会成功举办,这是本人"职场第一课"系列书的第四部,也是封关之作。来自全国各地的亲朋好友齐聚一堂,共襄盛举。其间,有好朋友问我:"黄老师,接下来你的创作计划是什么呢?"

我觉得人的职业生涯不外乎就4个阶段:走出校园步入职场的社会新鲜人阶段;从优秀员工被提拔为优秀基层干部的进阶阶段;从优秀基层干部进步到行业或企业高管的领导力修炼阶段;最后是创业,自己当老板,追逐梦想实现的圆梦阶段。我已用5年的时间,把自己从业30年4个不同阶段的所学所思所想所得总结出来,无私地与大家分享;至此好像已江郎才尽,不知还有什么题材可以创作。

经过一番深思熟虑,我觉得自己应该沉下心来,再用5年的时间,精心打磨,不断完善,努力把这几本书打造成中国航运物流业从业人员真正需要的辅导教材和参考书籍。主意已定,我马上把丛书的第一部《航运物流从业第一课》翻出来,仔细地再读了一遍。我发现5年过去了,只有企业文化建设和职场理念等一些基本的概念仍然适用。这期间,世界的政治、经济形势,以及行业的环境和业态等都发生了巨大的变化,特别是这几年蓬勃发展的跨境电商及其物流、"一带一路"倡议引爆的中欧中亚班列、2022年陆续生效的区域全面经济伙伴关系协定（Regional Comprehensive Economic Partnership，RCEP）、互联网带来的网上营销模式的创新等，而这一切在《航运物流从业第一课》（修订版）中只是略有涉及，甚至存在空白。

为了让本书更加符合数字化时代从业人员的需求，我力邀宁波市跨境电子商务协会秘书长谢尚伟老师和国内中欧班列货运代理行业优秀企业——上海万航国际物流有限公司CEO周瑞清老师与我一起合著《航运物流从业第一课》（第三版）。其中，谢老师主写第七章"跨境电商物流概述"、周老师主写第八章"中欧班列概况"，本人在原书稿的基础上补充了"互联网时代的网上营销模式"和"RCEP的机遇与挑战"两个小节，力求通过与两位专业人士的精诚合作，为大家奉献一部完美的作品。

在此，衷心感谢全球领先的关务集团——上海欧坚网络发展集团股份有限公司董事长葛基中博士、厦门港口协会原理事长陈鼎瑜先生对书稿的诸多指导和修改意见；感谢立明致远物流大讲堂优秀讲师团队、顾问单位、会员企业一路以来给予的关爱、支持和帮助，你们的鼓励和肯定，是我不忘初心、牢记使命、踔厉奋发、勇毅前行的澎湃动力。

由于水平有限，不足之处在所难免，敬请广大读者、同行不吝指正，以便让我们不断改善提高。

黄伟明

2023年1月7日

初版前言

我一直觉得自己是一位被老天爷特别眷顾与关爱的人。

从 1989 年大学毕业至今,我工作过的八家企业都是国内外知名企业,工作环境和待遇均不错,更重要的是,我因此有机会从事国际物流、航运中的大多数工作,这些经历为我能在企业管理岗位上取得一定成绩奠定了坚实的基础。

在与朋友的聊天中,我们经常会谈起"60 后"与"80 后""90 后"的区别。大家普遍认为,我们"60 后"这一代的主要优点是:出生在国家最困难的时期,基本都吃过苦,所以惜福、感恩,并且懂得把握机会,不管是利用改革开放的大好机会发财致富,还是经过努力奋斗成为各领域的精英,包括企业的高层管理者,不少人成了改革开放时代的受益者。当然,"60 后"这一代的不足之处在于,当我们步入职场时,正是国家改革开放之初,各行各业基本没有经验可循,从国家到地方,从企业到个人都在"摸着石头过河",于是成功者有之,失败者也有之。

而现在的"80 后""90 后"虽然不像"60 后"那样面临遍地的机会,但随着中国经济持续蓬勃的发展,年轻一代能站在巨人的肩膀上起步,更容易获得国内外先进的管理经验,知识学习、经验借鉴都很方便;有很多先行者、精英可以担任导师,年轻人可以跟随前行,可以少走弯路,有可能用比我们更短的时间取得成功,实现人生的梦想。

　　1994 年后,因缘际会,我走上企业管理岗位。由于自己在学校学的是工科,因此业余经常自学管理知识,积极参与各种进修班来弥补自己的短板,提升自己的管理水平。2002 年,我应邀加入台湾地区服务行业 500 强之一的世邦国际企业集团,并在集团授权下独立筹建厦门的子公司,负责经营、管理和发展业务。为了管好团队,我把自己所思、所想、所学的一些知识和经验利用"每周一文"的形式,与我的同事们分享。我的初衷是运用这种方式形成团队共识,培养团队的凝聚力和战斗力,以达到企业管理的目标,进而帮助年轻的同事用比我更短的时间去获得职场的成功。

　　一开始,我的同事并不理解我的用心,很多人认为我在说教,对我的文章敷衍了事,更有甚者直接将文章拉到邮箱的垃圾箱里。被我发现后,我当时的感觉很是沮丧,甚至想放弃;后来经过一些师友的指导,明白了企业文化建设、学习型团队的培养是一项长期艰辛的工程,并非短时间可以收效,必须长期坚持。因此,才下定决心坚持了下来。

　　宗萨钦哲仁波切写的这首诗仿佛是我这 15 年心路历程的真实写照:

　　你必须拥有很大的福德,
　　才能遇到那个把你唤醒的人。
　　事实上,即便你遇到那个把你唤醒的人,
　　你是否愿意醒也是个问题。
　　有很多人觉得睡觉更舒服。
　　有些人找老师并非为了觉醒,
　　而是为了睡得更舒服。

即便你遇到有伟大证悟的老师，

他也不可能魔法棒一挥你就证悟了。

因此你需要更大的福德，

你才能按他说的做。

你需要极大的福德，

才会在你的自我被挫伤的时候不会跑开。

　　不知不觉，一晃眼15年过去了，我的"每周一文"不仅在世邦集团内为众人所知，而且也成为两岸业界的佳谈之一。更令人欣慰的是，世邦集运（厦门）有限公司的企业文化建设取得了初步成效，人才队伍逐渐形成，业绩节节攀升并在集团内名列前茅，企业在厦门乃至整个大陆的航运货代业内享有一定的美誉。

　　为此，一些同事、朋友建议我把这15年来的"每周一文"整理成册，作为企业内训教材，也可以与同业分享，帮助年轻人成长。特别是2012年11月，我当选厦门市国际货运代理协会副会长兼秘书长之后，有更多的机会走进高校、企业举办培训、讲座，我的培训课件也是经常参照之前"每周一文"的素材经过提炼做成的，得到广大受训者的肯定和好评。

　　经过认真甄选、整理，终于成就本书，我希望青年读者可以从中受益。同时，也把此书当作我自己50岁生日的礼物吧。

黄伟明

2016 年 10 月

目 录

§ 第一章 §

企业文化建设

第一节　企业建设文化先行

　　2001 年 11 月是我职业生涯的一个重大转折点,这一年台湾地区服务行业 500 强之一的世邦国际企业集团准备到厦门设立分公司,我职业生涯中一个重要贵人把我推荐给时任世邦集团中国大陆地区事业处的有关领导,那时我才 35 岁,怀揣着一般年轻人都有的自己创业的梦想和激情;就在我犹豫之时,世邦中国大陆地区事业处的三位面试官来厦门约我见面了。刚一落座寒暄几句后,为首的中国大陆地区事业处原副总陈先生就交给我一个文件袋,里面有厦门分公司的营业执照、公章、钥匙等重要物品,他对我说:"黄先生,厦门公司就交给你了!"并就未能给我总经理头衔一事表示道歉。(台湾公司对待头衔是比较严谨的,一般分公司的领导人只给予经理头衔。)

　　我接过这沉甸甸的文件袋,心里除了感谢世邦对我的信任之外,还感到十二分的好奇:这是一个什么样的公司? 对一个素昧平生的大陆人怎么会这么信任呢? 于是,我开始潜心去研究它的背景、历史和文化。

　　世邦国际企业集团成立于 1980 年,其前身是台湾航运界前辈非常熟悉的"敦那士台湾股份有限公司",由李健发先生、阮文钦先生、阚壮兴先生联合创办,在台湾经过 30 多年的奋斗,现旗下拥有海空运承揽、船舶代理、船舶管理、国际复合运输及国际物流等事业处,专业经营三十几年的国际复合运输经验和持续稳健的发展,让世邦多年荣膺《天下》杂志台湾地区服务业前五百大企业的殊荣,更于2011年成为台湾地区第一家通过"海关"AEO优质企业认证的物流货运承揽企业。

集团董事长李健发先生目前担任台湾船务代理商业同业公会联合会理事长、台湾海事仲裁委员会仲裁委员、台湾全球运筹发展协会副理事长等职务。如今,世邦集团在全球拥有30多个分支机构,员工超过千名。

世邦集团早在1994年就顺应两岸和平发展的大趋势开始进军大陆地区,陆续在大陆沿海及内陆各主要口岸建立分公司和办事处。为了使集团基业长青,世邦集团的管理层一直探索企业在航运物流业上下游的延伸发展,走实业化、产业化的道路,近年来分别在台北、高雄投资兴建物流仓储配送仓库,为世界级的广大客户提供高效、准确、及时、贴心的专精服务。

世邦集团更于2013年成立旗下独资的船公司"世邦海运股份有限公司",目前拥有四艘集装箱船、一艘散货船,并陆续在日本、韩国订造新船。难得的是,世邦海运股份有限公司于2015年获准从事台湾海峡间集装箱班轮运输业务,成为名副其实的集装箱班轮经营业者。

世邦集团的企业文化:"忠"=忠于职守、"义"=义及同人、"勤"=勤从公事、"诚"=诚以待人、"俭"=俭而养廉。

世邦集团的愿景:成就人的事业,让同事乐在工作、追求卓越,以人性化的企业精神组建坚强团队,以坚强团队提供全面且贴心的物流服务。

世邦集团的使命:成为世界一流的第三方物流服务供应商。

世邦集团的经营理念:创新求变、特优服务、迈向国际、世代传承、永续经营、利润分享。

　　未来,世邦集团将通过海陆空运的整合,配合"放眼国际、布局全球"之积极策略,致力成为卓越超群的整合型物流从业者。

　　经过认真学习世邦集团的企业文化并在工作中逐渐实践领会,我深深地爱上这个集团,暗自下决心一定不能辜负集团领导的信任,要在世邦这个大家庭里做出自己应有的贡献,并实现自己的职业梦想——成为一名卓越的职业经理人。

　　2002年厦门分公司成立,第一年就实现盈亏平衡,后来逐渐成长,自2006年开始,厦门分公司一直蝉联世邦集团中国大陆地区事业处业绩第一名,而本人也从厦门分公司经理晋升为中国大陆地区事业处海西(海峡西岸)地区总经理、集团物流事业群经营常委会常委(五位常委中唯一一名大陆籍干部)、世邦海运股份有限公司大陆地区首席代表。

　　不太熟悉我的人,第一眼看到我都会误以为我是集团总部派来的干部,都会问:"黄先生您老家在台湾哪里?"每逢这个时候,我们李董事长就会幽默地替我回答:"黄伟明是世邦派到大陆50年的干部!"这一幕总让我深刻地感悟到企业文化神奇的力量:经过15年的熏陶,我的血液已流淌着世邦的文化精髓!我一直用世邦的经营理念指导着我的日常工作,并不遗余力地传承下去。2013年,我在繁重的工作之余主动请缨在厦门成立世邦集团培训中心,由本人出任中心主任,立志为世邦集团培养更多德才兼备的"世邦人",相信有这样深厚的文化底蕴,世邦集团一定能实现董事长铸造百年老店的美好心愿!

第二节　企业文化的建设是一场持久战

　　企业文化是指企业在长期的经营活动中形成的,被全体成员普遍认可和遵循的,具有本组织特色的价值观、团体意识、行为规范和思维模式的总和。它以创始人的信念,价值观与愿景为基础,加上组织演进过程中团队成员的学习经验而逐步完善,包括目标、思想、观念言语、行为、沟通和成果等,是企业做事的方式、是企业中最坚强的生命力。所谓"一方水土养一方人",一家优秀的企业经过多年积累而沉淀下来的文化一定是有价值、稀有、不可复制和不可替代的,是企业具备长期竞争优势的源头活水,是其他企业"山寨"不来的!

　　多年以来,世邦国际企业集团李健发董事长除了身体力行地践行集团的企业文化和经营理念,还一直教导各级干部一定要用"三心二义"的观念(为人处世细心、用心、爱心;对客户伙伴讲道义、对同事讲情义。)来作为自己工作、生活和学习的指南。本人加入世邦 15 年,一直自诩为世邦文化的播种者、宣导者和实践者,在不同的场合及多年坚持的每周一文中一再强调这些观念,在新员工入职培训的第一堂课一定要亲自宣讲世邦的基本情况,让员工知道在为一家什么样的公司打拼,创始人是谁,公司有什么样的历史和优良传统,他们在这样的公司奋斗能实现自己什么价值等。在组建厦门、福州、汕头团队的时候,每到一站我都会考员工:"世邦的文化和经营理念是什么?"同人答对我就给予奖励,希望以此来鼓励同事学习、了解世邦企业文化的积极性。

十几年过去了,本以为至少在我管理下的团队,主管们应该对"三心二义"、世邦的企业文化(忠、义、勤、诚、俭)、集团的经营理念"创新求变、特优服务、迈向国际、世代传承、永续经营、利润分享"等都熟记在心,倒背如流。但是,当 2016 年年初,集团船舶管理事业处陈特助来厦出差与同人餐叙时,陈特助谈起他钦佩董事长提倡的"三心二义"理念,并询问在座厦门世邦干部其具体内容的时候,在座的两位干部竟然支支吾吾,磕磕巴巴无法答全,实在让我颜面尽失。这让本人领悟到企业文化建设是一场持久战,一定要持之以恒地坚持下去才会有成果!

2016 年,借由厦门本部制作员工工作牌的机会,我把集团文化和经营理念印在工作牌的背面,希望大家能熟记这些理念并将其融会贯通,成为自己的价值观和职业观,然后不折不扣地去执行去指导自己的工作、生活和学习,凡在抽查中回答不上集团企业文化基本概念的员工是要受罚并计入年终考核记录的。

我一直坚信,企业文化对于培养员工的归属感、荣誉感、主人翁精神有着重大的作用,管理者想要高效顺畅地管理好团队,一定要善于运用企业文化这个最强有力的无形力量。

第三节　如何成为践行企业文化的先锋

2015 年,中信出版集团出版了一套关于重新定义企业管理的丛书,包括《重新定义管理》《重新定义团队》《重新定义公司》等。

其中《重新定义公司》(*How Google Works*)是由谷歌掌门

人埃里克·施密特所著,而《重新定义团队》(Work Rules)是由谷歌首席人才官拉斯洛·博克跟大家分享谷歌的人力运营经验。

我利用2016年元旦假期和在台湾、广东、福建出差的半个月时间把这几本书浏览了一遍。

谷歌之所以连续多年被评为全美最佳雇主单位并且成为全球最成功的电子科技公司之一,完全取决于它的企业文化——"使命、透明和发声的权利",以及由文化而塑造的企业战略。公司高管通过聘用比自己优秀的人,设立大家共同的愿景和目标,制定公平公正合理的薪酬体系和奖励制度等来实现企业的飞跃,在此前提下,管理者最主要的工作就剩下清除路障和鼓励团队了。让每个员工都像"创始人"一样去工作,企业还有不成功的道理吗?

这些理念其实在我还没看这些书的时候,就在我的"如何成为部属愿意追随的主管"的培训课件中跟大家分享了,但这两本书让我的信念更坚定,书中的论述更坚固地支撑了我的观点!

我一直感念世邦集团有非常优秀的企业文化(忠、义、勤、诚、俭)和经营理念(创新求变、特优服务、迈向国际、世代传承、永续经营、利润分享),本人也一直在不遗余力地做世邦文化的播种者、宣导者和践行者,但一家企业的文化要深刻植入员工之心,除了创始人的宣导和榜样之外,关键还要靠公司高管、中层,特别是分公司经理人的领会和传承,所以本人一再呼吁各地分公司经理人一定要深刻领会世邦的文化,并成为践行此文化的先锋和模范,这样你的团队才能成为真正有世邦血统的世邦铁军!

本人模仿谷歌分别针对员工和经理人的问卷调查在各分公司做了摸底,以作为年终考评的一个项目,详见本节的"延伸阅读"部分。

◉ 延伸阅读

向上反馈调查问卷

★请在以下的对应项中打"√"或打"×"。

1.我的经理给我可行的反馈意见,帮助我改善绩效表现。

2.我的经理不会随便插手我的工作(例如介入不应由其负责的细节问题上)。

3.我的经理会从人性角度出发体谅我。

4.我的经理使团队将注意力集中在最重要的目标结果/工作成果之上。

5.我的经理定期分享他/她的上级经理和领导给出的相关信息。

6.我的经理与我就过去 6 个月的职业发展情况进行过有意义的探讨。

7.我的经理会明确向团队说明目标。

8.我的经理具备高效管理团队所需的专业技术能力(比如财务部门的经理懂会计学等)。

9.我愿意向其他世邦人推荐我的经理。

(可选)补充:

所属部门:

日期:

第四节　规章制度是企业基业长青的坚实基础

很长一段时间以来，我一直在思考，服务贸易型的公司管理是靠同事自动自发、自觉自律、自我管理好，还是靠严明的纪律、规范的制度来管理好。

众所周知，我一向是推崇员工自我管理的，因为我一再说过，我们做服务贸易行业的只有上班时间没有下班时间，所以就不要在上班时间对员工太苛求，相信每个同事都有责任感和使命感，只要手头有事一定会牵肠挂肚直至完成为止。这是为什么厦门分公司是集团内唯一没有设打卡机，只靠每周一次抽查考勤记录的公司的原因（要发全勤奖，一定要有考勤记录的）；而本人也以身作则，只要我人在厦门，不管前一晚应酬到多晚，第二天一定准时八点半到公司上班，15 年坚持不懈。

但是这几年，我的内心开始纠结了，公司后勤保障团队像操作、单证、财务人员，都能一如既往地严格遵守公司的规章制度，因为他们的手头、心头有放不下的事，有时还自动在节假日来公司加班而不计报酬，倒是一些相对灵活的岗位，如业务、市场、项目小组等的人员，即使我们每周只抽查一次，但每次考勤名单上迟到的人基本上总是那几个！有些业务员外出拜访客户，就不回公司签退了，也不跟主管打招呼，甚至有些同事每周都非常有规律地请没有合理理由的事假。

如何在体现公司人文关怀的文化的同时，在既能激发员工主动工作的激情又能让他们遵守公司规章制度之间取得一个合理合法的平衡呢？

2016 年年底，网上流行主持人白岩松在他所著的《白说》一书中的一篇短文，观点是如果一个企业开始强调考勤或打卡，那证明这个企业开始在走下坡路了！

一时间大家都在转发这篇文章，但转发的人都忽略了白岩松论点的前提是所有员工都能自觉自律、自动自发地把组织的目标当作自己的目标，全身心地投入到工作中，大家的劳动时间反而更长，劳动强度反而更大，对于报酬却是不计较的！你们能做到吗？

所以，在不是所有同人都能自觉自律、自动自发的时候，还是要靠一套符合企业文化的合理合法、公开透明、公平公正的规章制度，才能保证公司日常运营健康稳定、公平合理。

其实，要成为自觉自律、自动自发、自我管理的优秀员工并不难，基本方法就是根据公司的资源和发展策略，与上级主管确定双方可接受的奋斗目标（短、中、长），然后没有任何借口、想尽一切办法去实现这个目标，兑现对组织的承诺！如果我们的每个员工都做到这一点，公司还需要打卡和考勤吗？

也许有的同事会说："说得容易做到难！"

可是在我们身边就有这样活生生的例子——厦门国际贸易部的郭海地经理就是这样一个自觉自律的优秀职场人，他的方向非常清晰，目标非常明确，他非常清楚自己追求的是什么，为了实现这个目标自己该干什么！加入世邦的 5 年里，他坚持在每个月的 5 号之前给我上个月的月度报告；出差一定有出差申请，基本上都是在归程的飞机上给我写出差报告，归建后的第二天，报告已呈交到我的信箱。而且，郭经理这 3 年的业绩都蝉联中国大陆地区事业处第一名！更难得的是，郭经理虽然这么忙，但是每个周末只要没有出差就回翔安老家看望父母，帮老人家做农活，像这样的属下，还需要要求他打卡签到吗？难怪董事长表扬郭经理是世邦的楷模，号召集团所有同人向他学习！

👁 延伸阅读

1.《最好的领导什么样?》(白岩松:《白说》,长江文艺出版社 2015 年版)

2.《公司制度谈:好的公司制度》

公司制度谈：好的公司制度

轶名

好的公司制度，至少要体现在以下五个方面：

1.制度要有公开性。制度应该系统、规范和科学，要结合标准化的工作流程和严格的管理要求，才能有效地约束、规范和激励每一个成员。要通过最直观的方式让员工知道自己应该和不应该做什么以及如何去做！

2.制度要有权威性。不论晋升、涨薪、奖励、考勤、权责还是惩戒等制度，一旦确定下来就不能随意更改，更不能因人而异。若要修订，也要保证每个员工知情甚至邀请部分员工参与。

3.制度要有相应的考核和奖惩措施。团队成员有目标有计划，才能保证个人能力的有效发挥。考核和奖惩制度，让员工能够按章办事，制定自己的职业规划，能够自我约束言行举止，维护公司和个人的声誉。

4.制度要与文化相结合。单一的制度只是一个框架。真正能发挥员工创造性的不是框架,而是理念。企业的价值观能够激发员工的使命感,从心理上给员工带来归属感。没有文化的制度是死板的,没有制度的文化是松散的。文化和制度,共同构成企业的向心力。

5.制度要依靠有强大执行力的领导层。这里的执行力不仅指员工的执行力,还有领导层的执行力;这里的领导层不仅是老板,还有中层主管。领导层不仅要保证制度的可执行外在条件,还要有自己身体力行的决心;领导层不仅要有战略眼光,制定目标,更要保持下属的积极性,培养下属的能力,才能保持目标和行动的统一,实现组织的高速有效运转。

（转自微信公众号"北平说说"）

第五节　做一家有社会责任感的优秀企业

世邦国际企业集团在李健发董事长、阮文钦副董事长、阚壮兴董事的英明领导下,40多年来一直倡导着"忠、义、勤、诚、俭"的正向企业文化,更于2008年本着"取之社会,用之社会"的感恩理念,成立世邦国际慈善基金会,专门培育后继青年学子,慰问孤苦无依老人,散播爱心到世界各个角落;每年在台湾,世邦集团都会举办定期的贫寒学子奖助学金颁发仪式,台湾媒体都给予大量、肯定的报道。

◉ 延伸阅读

世邦慈善清寒家庭学生奖学金昨举行，52名学生受惠

　　世邦国际企业集团所属"世邦国际慈善基金会"主办今年年度第一次"清寒家庭学生奖助学金"颁奖，于昨(23)日在该集团举行，该集团副董事长阮文钦及阙壮兴亦同时出席；此次，台湾地区船务代理商业同业公会联合会及优捷国际运通共襄盛举，并赞助金额捐赠基金会支持该义事活动。

　　董事长李健发在会中致辞表示，世邦集团成立基金会迈入第八年，八年来基金会除了清寒家庭学生奖助学金帮助许多品学兼优的学生外，在急难救助方面，近年来通过"各社服中心转介个案"，该基金会都尽可能以有限的资源来支持帮助！该基金会帮助学生奖助学金，由原来40个名额，今年已增加到52个名额，而基金会尽可能精简其他费用，百分之八十九都用在奖助学金上帮助清寒学生，无非是本着"回馈社会，照顾弱势，让爱继续"的企业精神，取之于社会用之于社会。除了集团资金大部分的注入外，同时，也要感谢基金会同人在工作之余的无私贡献，尤其，同人们还纷纷慷慨解囊帮助基金会达成社会

爱心的奉献,并帮助学生们安心读书,顺利完成学业。此次获得奖学金的学生,大学有贾宜臻等 27 位,每人颁发奖助学金新台币 15 000 元。高中有廖千莹等 25 位,每人颁发奖助学金新台币 8 000 元。合计大学 27 名、高中 25 名,总计 52 名学生。

活动开始,基金会向学生及家长们播放由该集团多元化的经营成果制作而成的影片以及多年来基金会的成果报告,并邀万华社服中心、信义社服中心、大安社服中心、内湖社服中心、体惠育幼院当场见证。

(台湾《新生报》航运版,2016 年 3 月 24 日)

本人体念集团的文化精髓,考虑到中国大陆地区事业处的员工可能会由于天灾人祸,遭受各种不可抗拒的意外伤害或损失,作为一家以人为本的有社会责任感的企业,我们应该为员工伸出世邦的友爱之手,献出我们的关爱之心,必要时提供力所能及的帮助和保障。因此,从 2011 年 11 月开始仿效集团总部,在厦门成立世邦集运慈善基金,专项关爱慰问我们公司的员工及其直系亲属。

在大陆,世邦集运和世明船务代理多年来一直践行社会公益责任,除了积极参与汶川地震等自然灾害的捐助,每年都会积极参与由厦门市慈善总会举办的"慈善年夜饭"认捐活动。2016 年重阳节,厦门市老年基金会筹资兴建爱心护理院扩建工程,世邦国际企业集团旗下世明船务代理(厦门)有限公司及本人也尽微薄之力共襄盛举,希望借此活动,向社会传递正能量,向老年长辈们传递关爱。本人也有幸在 2016 年被厦门老年基金会评为"厦门市助老之星"。

一家优秀企业在稳健发展、获取合法利润、保障员工福祉和股东利益的同时，还必须承担一定的社会责任，传递正能量和人文关怀，这对于提升世邦品牌的知名度和美誉度，获取客户和合作伙伴的信任等方面，也都有积极的作用。可以说，企业参与慈善公益活动应是企业文化建设和企业战略的一部分。

我相信，从自身做起，带动周围的亲朋好友坚持投入公益慈善事业，世界一定会变得更美好。

第六节　培养接班人

世邦集团李董事长曾在集团园地发表了标题为《培养接班、世代交替》的专论，阐述了集团为了贯彻永续经营、世代传承、利润分享的经营理念，为了培养年轻一代的管理人才，特别在世邦国际物流事业群成立了经营企划委员会及常委会，让青年才俊参与集团的经营管理，实现企业世代传承的梦想。本人荣幸地被甄选为集团物流事业群经营常委会 5 名常委之一（且是唯一一名大陆籍常委），在深感荣幸的同时，也备感责任重大。

在"世邦"十五年，特别是近五年，本人其实花了相当一部分的时间和精力在挖掘、培养、训练未来的接班人上。我也希望我们的部门和分公司主管，不仅自己要做自燃型的主管，而且要把自己的团队打造成自燃型的集体，由此，我们的人才才会源源不断地涌现，世邦的百年基业才会有一批德才兼备的接班人。

那么，什么样的人才是合格甚至优秀的接班人呢？首先我觉得应该是"德才兼备，德字当先"。在当今世界，能力出众的人比比皆是,但德才兼备的人少之又少,特别是在我们这个行业,经常听说某些业务能力出众的所谓业务精英或经理人假公济私,损公肥私,内外勾结,搞利益输送,甚至结党营私,侵吞公司财产,给所在公司造成巨大损失,所以接班人,尤其是当政一方的分公司主管一定要具备忠诚、诚实、正直、廉洁的品格。能力欠缺一点,我们还可以加以培训和辅导,但品格基本是很难教导的。

其次,中层管理者在组织中起着承上启下、上传下达的桥梁作用,既要满足上级的要求,又要成为直接部属的学习榜样,因此必须具备很强的沟通、协调和执行能力。合格的接班人应该能很好地理解和体会集团、公司高层的文化、理念和指示,接受上级的指派,不折不扣地执行集团、公司制定的战略、方针和政策,同时要发挥高超的沟通技巧向部属宣导集团、公司事业的目的和意义,并取得大家的认同和支持,然后发挥部属的主人翁精神,集思广益地共同制定相应的,与组织愿景、目标一致的团队目标以及实现这个目标的行动计划,最后带领团队没有任何借口地付出不亚于任何人的努力去实现这个既定目标。

再者,合格的接班人应该有宽阔的胸怀和严格自律的坚强意志。人无完人,管理者要用欣赏的眼光去看待部属的优点,用包容的心态面对部属的缺点,而且要通过培训和辅导,让部属改正缺点和不足,在组织中实现个人素质的提升。世界管理大师彼得·德鲁克说,如果管理者能充分发挥人的长处,就能使个人目标与组织需要相融合,就会对外界的优秀人才产生巨大的吸引力,内部既有的人也将获得更大的激励,做出更大的贡献。

彼得·德鲁克还说,管理者能否管理好别人从来就没有真正得到验证过,但管理者完全可以管理好自己。管理工作在很大程度上是要身体力行的。因此我不断地跟公司主管们强调"榜样的力量是无穷的"，你想要部属成为什么样的人，自己就要先成为那样的人，这就需要坚强的意志和毅力。同时，当部署的缺点不足以成为前进的障碍时，就包容它。

最后，合格的接班人要保持与时俱进的学习精神并具备创新求变的创造能力。大多数的基层管理者是看天吃饭、等米下锅，这样的经理人无法满足当今激烈竞争的残酷环境对经理人的要求。合格的接班人应该要随时随地、与时俱进地向同行精英们虚心讨教，通过不断的实践，用创造性的思维来解决本行业存在的难点痛点，实现组织的可持续发展态势。

正如本人在 2008 年美国次贷危机爆发从而引发世界经济危机时，就预感到身处国际贸易链一环的航运物流货代业不可能独善其身，一定会受到波及。因此，从 2009 年就开始积极延伸产业链的上下游，从国际贸易和项目物流入手，成立了独立的国际贸易部和大件物流项目部。当 2012 年中国航运货代业受到世界经济危机严重影响而出现萧条低迷状况时，厦门世邦却因为未雨绸缪提前做好准备而保持稳定的发展。

日本经营之神稻盛和夫先生的系列丛书之一《创造高收益》，在第二集的最后一章给出优秀领导者的标准答案——领导者的十项职责，希望大家能持之以恒地以此为标准要求自己，努力提升自己，那么假以时日，你们一定可以成为一名杰出的领导者、组织不可或缺的接班人。

◉ 延伸阅读

《领导者的十项职责》（稻盛和夫：《创造高收益》，东方出版社 2010 年版）

§ 第二章 §

如何赢在职场起跑线上

第一节 信誉是最大的资产

"忠于职守、诚以待人"是世邦集团所倡导的企业价值观之一,在每次新员工入职培训的第一堂课上,我强调的重点都是做人要有职业道德!

在一个行业里要成就一番事业,首先要讲诚信,树立自己的个人品牌,同时脚踏实地、勤勤恳恳努力工作,通过不断的学习来充实自己,总有一天,是千里马的你会被伯乐发现并从此一跃千里。反之,如果急于求成,投机取巧,虽然有可能成就一时,但终究要付出十倍的代价来弥补由此造成的对自己名声的损害! 因为没有人愿意跟一个不讲诚信的人长期打交道。

我职业生涯的偶像是日本"经营四神"之一的稻盛和夫先生。他 27 岁创立了京瓷株式会社,52 岁创立了 KDDI,78 岁应日本政府之请出马接管了濒临破产的日本航空,并在一年之内使其扭亏为盈。一个人一生创立两家世界 500 强企业,挽救了一家世界 500 强企业,放眼全世界只有稻盛和夫一人。他提出了一个获得成功的方程式:成功=人格·理念(−100～100)×能力(0～100)×努力(0～100)。

人格·理念的含义:人的思考方式可分为两个侧面。

正面的:忠诚、公正、诚实、开朗、勇敢、谦虚、善良、克己、利他等。

负面的：不正、伪善、卑怯、傲慢、任性、浮躁、妒忌以及自我中心等。

无独有偶，前思科中国区总裁林正刚先生，也提出了一个类似的方程式：成功＝心态×沟通×知识。

心态是思维习惯的结果，心态决定一切！要养成健康的思维习惯，要用一个健康的心态去面对一个不太理想的环境，这就是成功的秘诀！

一个人的能力再强，如果他（她）缺乏正确的职场价值观，没有端正的心态，那他（她）的能力越强，给企业带来的伤害就越大。所以我们一再强调组织选择人才的标准是"德才兼备、德字在先"。

◉ 延伸阅读

最大的资产是信誉

佚名

李嘉诚的良好声誉和稳健作风，使他成为著名国际公司的合作对象。他总是能够洞烛先机，利用各种机会与客户建立长期的互惠关系，而不向短期暴利着眼。李嘉诚除了与客户建立平等互利的商业关系外，还十分重视与客户保持真挚的个人关系，从而使双方获得深切的了解和紧密的合作。

李嘉诚曾经决定把他所持有的香港电灯集团公司股份的10％在伦敦以私人方式出售。在计划进行的过程中，"港灯"即将宣布获得丰厚利润的消息，因此他的得力助手马世民马上建议他暂缓出售，以便卖个好价钱，可是，李嘉诚却坚持按照原定计划进行，李嘉诚很认真地说："还是留些好处给买家吧！将来再有配售时将会较为顺利。而且，赚多一点钱并非难事，但要保持良好的信誉才是至关重要和不容易的。"

对于这一点，《远东经济评论》的评论家曾经非常精辟地说："有三样东西对长江实业至关重要，它们是名声、名声、名声。"

在加拿大投资赫斯基石油之后，李嘉诚的名字在加拿大已家喻户晓，一些与李嘉诚合作的香港乃至国际上的大财团首脑都高兴地说："我们都很信赖李嘉诚，李嘉诚往哪里投资，我们就往哪里投资。"

李嘉诚由一个贫穷的少年到成为世界级超级巨富，他的成就的取得可以说是必然的。这种成功的必然，在于他一直拥有的锐利而长远的目光，他开朗的性格，豁达豪爽、义字当头的气概，待人以诚、执事以信的品德，对问题深思熟虑后迅速做出果敢决定，并锲而不舍地去实施一切计划的能力。

无论是过去还是现在，李嘉诚身边的人总是异口同声地说："他有先知先觉的判断力，超人的魄力和干劲，极强的进取心。他今日的成就，全部都是由自己的双手和头脑创造出来的。"

"李嘉诚的发迹靠的是'诚'，李嘉诚最大的资产也是'诚'。"

李嘉诚金言：一般而言，我对那些默默无闻，但做一些对人类有实际贡献的事情的人都心存景仰，我很喜欢看关于那些人物的书。无论在医疗、政治、教育、福利哪一方面，对全人类有所帮助的人，我都很佩服。

第二节 企业需要有责任感使命感的员工

什么是人的使命感呢？所谓使命感，就是对人生使命的认识。或者说，就是一个人对自己的使命的认识。这种认识越好，他的使命感就越强烈。那么，什么是人生的使命呢？就是人的责任与义务。一个人，来到人世间，是有自己的责任与义务的，包括对家庭对事业还有对社会的责任与义务。所以，做人就必须要有使命感。

我经常关心身边年轻人的工作、生活和学习情况，包括谈婚论嫁，我教给他们的择偶标准就是看对方有没有责任感，主要体现在三个方面：一是看对方孝不孝顺父母，如果一个人连父母都不孝顺你还能托付终身吗？二是看他对公司有没有责任感，是献身工作还是整天迟到早退，吊儿郎当；三是对方能不能在力所能及的情况下对社会做一些贡献（比如参加一些公益活动）。如果一个年轻人具备以上的优秀表现，那即使他/她目前还只是默默无闻的基层员工，也可以把他/她作为绩优股珍藏起来，不用多久他/她一定会让你有丰硕的回报的。

但，遗憾的是，许多人对自己的使命不仅意识不到，甚至不知道自己应该有使命。正因为这样，这些人往往缺乏做人的激情与动力，缺乏做人的责任心与感恩精神。

一个人必须明白自己这一生要承担怎样的使命，这些使命对于自己人生的意义是什么；人应该通过怎样的努力，以怎样的实际行动去实现自己的使命。如果有了这样的思考，就会形成一种认识，这种认识就是使命感。一个人就应该在这种使命感的指导下,完成自己的使命,实现人生的价值。使命感是人的内在的永恒的核心动力。一个人的使命感越是强烈,那么他的人生希望也就越强烈,他的工作激情与生活热情越强烈,他的人生责任感也越强烈。有强烈使命感的人,是一种自觉的人,是一种奋斗的人,是一种百折不挠的人,是一种任劳任怨的人,是一种坚强不屈的人。

做人,必须要有使命感。一个人如果对客观存在的使命缺乏足够的认识,没有使命感,那么,这样的人就不会真正懂得人生的意义与价值,也不会承担起做人的责任与义务。没有使命感的人,是可悲的人;没有使命感的人生,就是行尸走肉的人生。有使命感的人是不需要被管理的人,他(她)有自己清晰的人生目标和实现这个目标的澎湃动力。就像奥地利著名传记作家斯蒂芬、茨威格所言,一个人最大的幸运莫过于他在人生途中发现了自己的使命。

有使命感的员工会花时间为集体做出更多的贡献,即使这并不是他的分内工作。他会主动将自己力所能及,对集体有好处、对自己也有好处的事情纳入自己的工作范围;会主动要求去组织需要,而一般人不愿意去的艰苦地方磨炼,干无人过问而对组织有益的工作。

◉ 延伸阅读

《我们需要有使命感的人》(严旭、屈波:《我奋斗在最残酷的战场上》,中信出版社 2011 年版)

第三节　永远都比老板要求的多做一点

　　世邦的企业文化是希望培养每个员工，特别是管理干部成为自动自发去追求自己人生奋斗目标的优秀人才。比如我，集团董事会每年把对我的要求和要我达成的目标下达给我，就不再轻易干预我的任何行动和策略，只是在我身后默默给予支持和指导，这个时候，我就需要按照老板们制定的目标，很好地来规划行动计划和管理战略，对我的使命负完全责任而没有任何借口！跟我在一起工作的同事应该能感觉得到，我做事比较有计划和章法，会走在计划的前面而不是被动地让事情推着走，这样做起事情来才会觉得从容不迫，一切尽在掌握之中。

　　那种经过一番努力后取得项目成功、达成组织目标的感觉是非常美妙的，我希望我的同事们每天都能体会和享受这种感觉！因此，我每管理一个新的分公司时，一定要先制定好公司的规章制度和员工的岗位职责，要让每个员工都清楚自己的职责所在、公司及自己的奋斗目标为何，然后大家一起努力去创造：怎样做得比主管比公司要求做到的更多更好！

　　美国人唐纳德·米勒在《商业至简》(中国人民大学出版社,2022)一书中用通俗易懂的语言告诫职场人首先要努力修炼，让自己成为价值驱动型的专业人才，即必须为别人花在我们身上的时间、精力和金钱提供回报——这就是职场成功的秘诀。你要把自己看成是公开市场上的经济产品，致力于成为良好投资对象(至少要让老板获得 5 倍以上的投资回报)，才能吸引更多的投资，而个人也能因此实现更高的经济价值。

我经常强调：我们的同事不要只满足于做合格的员工，一定要超越自己做优秀的员工！这听起来很遥远很虚幻，但实际做起来并不难，就像以下我推荐的职场文章里说的那样："永远做得比老板要求的更多，以比老板更高的标准来要求自己。"如果能一直以这种心态来从事自己的工作，相信你已经离成功不远了！

◉ 延伸阅读

要五毛，给一块

轶名

　　杰克·韦尔奇说，员工对老板要 over deliver，就是永远要做得比老板要求的更多，这样自己就学到更多，也会让老板更放心托付。

　　一个"小朋友"辞职，因他表现良好，辞职令我意外，于是约来一谈。他告诉我，他每天都处在高度的压力下，每天都被工作、被主管的要求压得喘不过气来。他感觉就好像背后有一个大的巨轮，不断地向他逼近，他不得不快速前进，可是稍一不慎，步调稍慢，巨轮就从他身上轧过，几乎每个月要被轧扁一次，这样的工作压力太大，他承受不了，只好逃离！

　　我告诉他，我觉得他表现不错。他苦笑说，那都是勉强出来的，长期下去实在痛苦不堪，他觉得赶不上公司、组织与主管的要求！

　　听了他的说法，我十分遗憾。因为从能力、从学历、从工作结果来看，他都是好同事，都是值得培养的新秀，但是他自己走不出心中的魔障,缺乏正确的认知,以至于陷落在工作的深渊!

我尝试换个角度点醒他:就算背后有个巨轮,压迫你,催促你,但那些都是你要做的事,你为什么不换个角度,不要走在巨轮的前面,而是走在巨轮的后面,由你去推动它,要快就快,要慢就慢;由你来决定速度,由你来决定时间,这只是转个念头、转个态度而已!

我进一步解释,只要你自我要求的节奏、标准改变,就可以做到。如果组织的要求比你自我的要求高,如果主管的要求比你的自我要求严,你就被组织、被主管的节奏推着走,你就落入别人的掌控中。反之,如果你有更高的要求标准,比组织严、比主管快,那你就应付自如。

事实上,这是我从工作第一天就学到的经验。主管叫我拜访三个客户,我知道我笨,我决定拜访五个,以弥补自己经验的不足。主管叫我三天后交报告,我怕写不出来,我决定早一天写好,以免到时候抓瞎。也就是因为这样的态度,我几乎没有看过主管的脸色,虽然工作的质量未必被奖励,但至少不至于因为工作完成不了而被骂!

"比老板更高的自我要求标准",变成我最重要的基本工作法则,一开始并不是为了要有好的绩效,只是为了免于挨骂。但久而久之,我逐渐发现更大的好处,那就是"更高的标准"会让自己更快进步,也会因此得到老板信赖,而且可以拥有更大的自主空间。

因此,要了解组织的要求,摸清老板的习性,将其变成我的习惯;老板急,我更急;老板快,我更快;老板严谨,我就更注意细节、更小心;老板气派恢宏,我就更大处着眼、挥洒自如。老板说要省五毛,我就设法省一块。这种"要五毛,给一块"的工作逻辑,让我永远不会变成被检讨的对象。

这个"小朋友"能否"顿悟"这个"更高标准"逻辑,我不敢说。但我看他眼睛闪烁着光芒,我知道他有所体会。当然我知道,这个"更高标准"的想法,不只是想法,更代表着你要有决心和毅力,也需要更聪明的做法。只要想通这一点,再加上尝试与实践,一切就会改变了。

(https://zhidao.baidu.com/question/196839832.html,2010-11-11)

第四节　如何树立正确的从业观念

随着世邦集团经营规模和范围的不断发展和扩大,我们的团队一直在壮大,其中不乏一些应届毕业生或社会新鲜人。

回顾这十多年的历程,为什么有的同事随着公司的发展而不断成长并得到晋升,成为公司的骨干或主管,实现了自己的人生职业生涯规划;而有些人却还在原地踏步,甚至还有些人被公司淘汰呢?

最近网上疯传的一则短文(参阅"延伸阅读")非常精辟地剖析了这个问题:处在同一起跑线的同学,经过 3 年时间,不同的处事风格和态度就让他们拉开了差距,再过 5～10 年就是天壤之别了。

所以,我一再告诫各位新员工,初涉社会一定要不计报酬、不求回报、脚踏实地、注重细节、负责努力,出色甚至超额完成领导、上级交办的任务。那么,天道酬勤,初看吃亏的你,假以时日定会得到"老天爷"的垂青,得到意想不到的回报。

如果因为处理不好和同事、公司的关系,因为外界诱惑,因为 300～500 元的差距而频繁跳槽或不安心工作,到头来,你会发现身边的人都进步了,你却还在碌碌无为地混日子或者还在疲于奔命找出路,甚至还是月光族!

我从 1989 年大学毕业到 2002 年加入厦门世邦一共经历了八个公司,我的每一次跳槽都使自己的职业生涯上一个台阶,所以我是鼓励人才流动的,关键是看你流动的原因是因为新的公司新的职位能给你带来更多的收获、更新的挑战、更好的提升,还只是因为你自己跟同事们,特别是直接主管相处不好,因为三五百的收入差异而选择离开!

那什么是正确的从业价值观呢?就是要以主人翁的精神、以创始人的心态去工作。

联想集团董事长杨元庆先生在为他的两位高管——来自中国的乔建和非裔美国人康友兰合著的《东方遇到西方:联想的国际化之路》一书所写的序言中阐述道:主人翁精神意味着,只有把自己当作企业的主人,才能用不一样的方法做事情;要将公司利益置于个人利益之上,为自己设定目标而不是由上级指派任务;在排除外界压力的情况下,凭借自身努力取得成绩。

仅仅遵守公司规章制度把本职工作做好不是真正的主人翁,只有把自己当作公司的主人,自动自发、竭尽所能、没有任何借口地超额完成上级(公司)交付的任务、为企业创造效益才是真正的主人翁,也更是公司管理群体的责任!

当然,很多初入社会的年轻人会说,我目前从事的不是我喜欢的工作,苦于一时找不到更好的,就先就业再择业吧!

确实,从学校出来就从事自己喜欢且能发挥自己长处的工作的人少之又少,但难道因此就得过且过,做一天和尚撞一天钟吗?

此时,职场新人不应该问自己:“这是我一生的职业吗?”而是应该问自己:"我是否应该在接下来的一个小时里做点别的事情?"如果回答"是",你就应该去做你想做的事情。如果回答"不是",那就应该全力投入目前的工作中。经过一段时间,你会发现,当你投入更多的时间和精力于目前的工作时,就能获得更多的收获,也会更加喜欢这份工作。

我在大学本科学的是环境工程系空调制冷专业,跟海运八竿子打不着边,1989年大学毕业后主动要求到车间修机器,1992年凭着自己会修制冷机器的本事被当时的 SEALAND—SERVICE(美商海陆)招收为冷冻柜维护保养工程师,从此踏上了航运这条路。所以我给刚进入职场的年轻人的忠告是:职场上很多事情你不一定喜欢,但只要是你必须做的,你就得端正心态,把这当作一次学习技能、增长见识的机会,不畏惧不抗拒不抱怨,好好去做,用心去做,在这种慢慢摸索的过程中,你有可能会喜欢上这个职业。

就此话题,原泉州华侨大学外国语学院院长毛浩然教授给职场新人的建议是:先做应该做的,再做喜欢做的,然后争取把应该做的变成喜欢做的。

我给在学校即将毕业的孩子们的择业建议是:先根据自己的兴趣和性格特点决定今后要从事什么行业(看自己平时喜欢浏览或谈论的话题是什么,怎样的内容吸引你进一步了解或探索),再从该行业中去选择一些优质的企业(优质企业的特征:一是有没有给予员工足够的学习进步的空间;二是能不能在激烈竞争的市场存活下来;三是组织文化是否符合你的价值观,值得你持续奉献)有针对性地投放简历,获得面试机会后再按照此公司提供的几个职位选择适合自己性格特质或有助于自己成长的职位来实习。为了在一个行业稳步发展,在这个行业的每个环节都去轮岗一番是非常必要和有显著帮助的。切记你优先考虑的应该是这家企业是否有发展前景,企业文化跟你的价值观是否匹配,你在此企业是否能学习到持续赚钱的技能、能否增长见识,而不是当下能拿多少薪水。世界最成功的对冲基金——桥水集团创始人瑞·达利欧在其专著《原则》(中信出版社,2018)一书中指出:职场新人首先要树立拥有有意义的工作和人际关系比赚钱还重要的理念。

另外,当你选择一个行业一家企业后,我建议至少要待3~4年,经过这样的时间沉淀,才能体会这个行业这份工作的要领和乐趣,才能积累一定的工作经验和人脉。切忌一不顺心不如意就轻易产生离职跳槽的念头。坦白告诉大家:一份不到一年的工作经历,在任何一家企业的面试官的第一印象里都是不及格的!

如果你在一个行业或公司已待 3~5 年,感到倦怠,不开心,没成就感,正准备辞职或跳槽,我建议你先静下心来思考:我的工作目的是什么? 我想从事的工作内容是什么? 我想要的工作环境是怎样? 我想要实现什么样的人生价值? 你在目前的工作岗位是否已做到最好? 有没有新东西可以学习? 你跳槽到新公司想要做什么? 能给新公司创造什么? 到了新公司你能忍受什么?

要是你无法回答这些问题,只因为跟同事,特别是直接主管相处不开心或是薪水不够用就辞职,那么我敢保证你到另一个公司会遇到同样甚至更多的困扰而处于不断离职不断找工作的恶性循环中,从此在职场沉沦。

当然,我不反对人才流动。我从 1989 年大学毕业到 2019年自己创业一共经历了 8 家公司,这为我的职业生涯积累了丰富的从业经验和充沛的人脉资源。现代人力资源管理有一种新的理念是:人才流动也是财富。如果从公司离职的员工,都能自己创业或在新的公司有更好的发展,那么主管的脸上也有光彩,对于公司的品牌和生意也是有帮助的!

我只是希望职场新人千万不要任性地想"跳"就"跳",或者只顾眼前利益给钱就"跳",这两种做法只会给职业发展带来更多的荆棘和坎坷。当所在的公司前景不佳或自己的职业生涯发展遇到瓶颈而不得不"跳"或者有让自己个人价值持续增值的更好机会,比如更好的赛道,更优质的资源,自身能力、价值感能够提升等,那我还是鼓励你勇敢地冲!

此时要把握好跳槽的四大原则:明确目的,知道自己的身价;每一次跳槽在自己的职业生涯中都应是一条向斜上方延伸的成长曲线;与老东家好聚好散,做好交接工作,给彼此留下美好的评价和印象;年纪越大对跳槽越应该谨慎,不要冲动和任性。请大家切记:跳槽不是为了换份工作或换份心情,而是为了寻找更好的职场资源,以完成下一步的个人职业生涯目标。为了实现这个目标最需要获得哪些资源?这些资源一定要靠跳槽才能获得吗?对此我的建议是:不妨以此为起点,再给自己六个月的时间沉下心来安心工作,然后反省自己有什么比其他同事优秀的方面,主动发挥这些优势去做一些除了本职工作之外力所能及的事情,这样可以让你的上级和同事发现你更多的能力和优点,在公司或部门有相应需要的时候就会想到你,那你进步提升的机会就来了。

如果你喜欢现在的公司,离职只是跟你的直属主管合不来,你可以跟更高一级主管申请调离本部门到另一个部门工作,也许烦恼就会迎刃而解,而且在一家公司不同岗位的轮调,能帮助你获取这个行业更广的知识和经验,积累更深的人脉,有利于你在这家公司乃至这个行业持续的进步和提升。

◉ 延伸阅读

为什么我在公司得不到重用

轶名

到公司工作快三年了,比我后来的同事陆续得到了升职的机会,我却原地不动,心里颇不是滋味。

终于有一天,冒着被解聘的危险,我找到老板理论。"老板、我有过迟到、早退或违纪的现象吗?"我问。老板干脆地回答"没有"。

"那是公司对我有偏见吗?"老板先是一怔,继而说"当然没有"。

"为什么比我资历浅的人都可以得到重用,而我却一直在微不足道的岗位上?"

老板一时语塞,然后笑笑说:"你的事咱们等会再说,我手头上有个急事,要不你先帮我处理一下?"

一家客户准备到公司来考察产品状况,老板叫我联系他们,问问何时过来。"这真是个重要的任务。"临出门前,我不忘调侃一句。一刻钟后我回到老板办公室。"联系到了吗?"老板问。

"联系到了,他们说可能下周过来。""具体是下周几?"老板问。"这个我没细问。""他们一行多少人。""啊!您没问我这个啊!""那他们是坐火车还是飞机?""这个您也没叫我问呀!"

老板不再说什么了,他打电话叫朱政过来。朱政比我晚到公司一年,现在已是一个部门的负责人了,他接到了与我刚才相同的任务。一会儿工夫,朱政回来了。

"报告老板,是这样的,"朱政答道,"他们是乘下周五下午

3 点的飞机,大约晚上 6 点钟到,他们一行 5 人,由采购部王经理带队,我跟他们说了,我公司会派人到机场迎接。

"另外,他们计划考察两天时间,具体行程到了以后双方再商榷。为了方便工作,我建议把他们安置在附近的国际酒店,如果您同意,房间明天我就提前预订。

"还有,下周天气预报有雨,我已提醒客人要带雨具,我还会随时和他们保持联系,一旦情况有变,我将随时向您汇报。"

朱政出去后,老板拍了我一下说:"现在我们来谈谈你提的问题。"

"不用了,我已经知道原因,打搅您了。"

我突然明白,没有谁生来就担当大任,都是从简单、平凡的小事做起,今天你为自己贴上什么样的标签,或许就决定了明天你是否会被委以重任。

能力的差距直接影响办事的效率,任何一个公司都迫切需要那些工作积极主动负责的员工。优秀的员工往往不是被动地等待别人安排工作,而是主动去了解自己应该做什么,然后全力以赴地去完成。希望看完这个故事,有更多的朋友成为优秀员工!

(http://www.foodjob.cn/news/show-aspx? id= 48TW80y5500=,2014-03-18)

第五节　牢固树立终身学习的空杯心态

何谓正确的学习态度呢? 就是不能骄傲自满,故步自封,要乐于尝试新鲜事物、新的想法,每一天都不断学习进步。在目前知识大爆炸的时代，知识和技术的更新换代都非常快速，在学校学习到的知识如果不及时更新，最多 5 年就要过时，因此只有保持空杯的谦虚心态，持续不断地学习才能做到与时俱进，才不会被职场淘汰。每个人都可以通过不同的方式学习：可以阅读；可以向顾问、前辈、教练、同事甚至竞争对手学习；当然也包括从个人经验和阅历中学习。

我经常要求大家除了看书还要善于分析、思考、归纳、总结，学会写一份出色的报告才是一个职场人真才实学的体现。

著名企业家、前万科董事长王石先生说："读书再多如果不写出来，就不能成为自己的东西。如果不能向别人说出来，就不能得到修正与反馈，也无法知道自己的观点是处于什么样的水平。写作是一个整理自己想法的很好的途径，将平时阅读中的论点整理出来，加以思考，总结成自己的话语。这样，个人的逻辑能力和思考能力就会逐渐加强。当然，写作是件比较痛苦的事情，需要整理自己的思绪，并且组织语言将它们表达出来。而且，当你对着电脑的时候，还要排除各种杂事的干扰，这对专注力也是一种锻炼。"

在日常工作中，许多人经常觉得"下笔太难"，这是职场中的常态，不少中国人离开学校以后就不再阅读不再学习，所以近几十年国民的整体素质有待提升，这也是政府提倡"全民阅读"的原因所在。

为了把同人培养成优秀的职场人，自厦门世邦 2002 年成立以来，我一直身先士卒倡导终身学习、热爱阅读的风气，包括请新员工为我摘抄文章、让不同的同事轮流做会议纪要、要求业务员特别是主任级以上干部写月度总结报告等办法，就是要大家养成喜欢读书、乐于写作的好习惯。

大家日常与他人的交流沟通不外乎口头和文字两种形式，

口头形式就是要学会聆听对方阐述的观点,然后用简单的语言把你想要表达的意思说清楚,让对方觉得你是一个好的聆听者,是知己。而文字的表达则更进一步,它通过逻辑思维、分析判断、总结归纳,把前人的经验和智慧,结合自己的所学所思所想,整理成自己的文字表达出来。只要坚持写作一年,你就会觉得自己在气质、内涵、思想等方面会有一个质的飞跃,跟人的交流沟通不再是难事,而且在社会上会越来越受欢迎,在公司会越来越受重用。就像我坚持给大家写每周一文15年了,现在写一篇500字的随笔对我来讲易如反掌。

其实良好习惯的养成只要持之以恒就可以做到,比如你要求自己每天阅读一小时,每周坚持针对自己一周来看过的书或文章写些心得总结以消化吸收。

成人的学习应该是快乐的,因为这时候的学习没有考试压力,反而是有目的性的。当你有针对性地根据自己的工作兴趣、需要或者不足,找出相应的书籍来对照学习时,只要其中有一句话、一个办法、一种技巧、一条思路对你有帮助,你是不是就认为值得了?

拿到一本书先不要逼迫自己一定要通读一遍,可以信手翻阅,遇到有兴趣的段落、章节再详读;如果整本书让你爱不释卷、流连忘返,就可以精读甚至反复阅读,更重要的是,看完书以后要把你认为有用的论述、观点经过消化吸收,化作自己的语言、思维、理念,然后用于指导工作、生活、学习并与他人分享。正如我最近精读的前思科中国区总裁林正刚先生的《正能量》《创能量》和华南理工大学陈春花教授的《激活个体》,我就如获至宝,爱不释手,各通读了两遍,并把其中一些感觉受益匪浅的观点,加上自己的理解跟大家分享,一起研讨一起进步!

以上我已经和大家强调了走出校门之后放空自己继续学

习的重要性,这里再总结一下:

(1)成人的学习应该是快乐的,抛弃任何应试教育的压力和负面影响,针对工作、生活、学习的需要找到相应的书籍;

(2)可以充分利用碎片时间,读一本书的一个章节、一个主题即可,不要有通读一本书的压力,如果觉得这本书很有吸引力,那么再继续通读、精读下去;

(3)读书一定要记笔记,读一本书、一篇好文章的时候一定要随时记笔记,把自己的想法体会写下来,如果能和他人分享就更棒,知识一定要输出和分享才能实现价值;

(4)要把从书本上得到的知识和智慧用于指导自己的工作、生活和学习,不能纸上谈兵,一定要敏于观察、勇于行动、精于动作,以实现预期的目标。

一个在某方面卓有成就的人,一定是一个善于利用他人的智慧和资源来减少自己成功阻力的人;如果善于学习,就等于将前人的精神财富复制到了自己的资源库,还有比这更聪明更快捷的方法吗?

◉ 延伸阅读

如何养成好的生活习惯

王石

我以前一直觉得我们应该让自己舒适一些,但是后来我明白有一些不适有时并不是件坏事。事实上,你可以学会享受这种不适。

例如,我每天都会做一些力量训练,虽然这点不适不会严重到令我讨厌的地步,但是人就是这样的,能逃避的困难,我们总能找到借口。

我制订计划表格,让这点不适参与我的生活,形成一种习惯。每当我完成 15 个引体向上,就会在引体向上那一栏写上 15。

每个月我都会换新的纸张,并总结上个月的情况。不经意间,几个月时间我已经做了 1 000 个引体向上了。

我发现任何只要是有一点不适的事情都是可以训练的,我们可以将一件不适的事情变成一种习惯,然后你会离不开它,觉得这点小痛苦其实是平淡无奇生活中的一种调味料。

这件事由不适变得舒适,良好的习惯就是这样养成的。

具体的方法如下:

找到一件你想做的事情,这件事情会让你有点小不适,但是做成了以后你会收获很多。例如:健身。

你可以把这件事情分解成 1 000 个独立的事件,要确保每个事件都在你能容忍的不适程度内。

你可以先测试一下你尽全力后最大的容忍程度,然后减去20％,从这个值开始。例如,我想要做 10 000 个引体向上,那么分成 1 000 份,就是每次 10 个。

开始去做,并且不要强迫自己,把它当作一种乐趣去挑战。随着你的能力增强,逐渐增加分量。

例如 1 个月后,你可以做到 15 个,3 个月后,你可以做到 25 个。所以,10 000 个看似需要 1 000 天才能完成,事实上,你可能 9 个月就搞定了。

这个方法的精髓在于把一个很大的痛苦分解成 1 000 份小不适,然后将它融入每天的生活中,培养成习惯,将不适转变成舒适。

我们可以通过上面的这种方法,对自己的能力进行提升,改变一些坏习惯,培养一些好习惯。

拖延的习惯

我们为什么要拖延,主要原因在于我们要做的事情令我们感到不适。所以,我们的头脑会产生各种各样的借口和诱惑,来促使我们去做更容易的、更舒服的事情。当我们把一件事情定义为"不舒适"的时候,我们会本能地不想去做它,想方设法拖延到明天。但是,如果我们能够把这种痛苦分解成1 000份,变成可以忍受的程度,那么事情就变得容易了。我们可以制订一个表格,叫作"战胜拖延"。每次有想要拖延的想法的时候,就立刻去做,完成任务之后就在表格上"＋1",当完成"1 000＋"的时候,拖延的习惯就根除了。

健身的习惯

我们不去健身是因为感到不舒适,但是如果每次有意识地让自己承受一些不适,会逐渐提升自己的忍耐力,一旦养成一种习惯,我们会依赖于这种不适带给自身的有利刺激,让自己感到更有活力。

阅读的习惯

没有阅读习惯的人会把读书看成是一件很痛苦的事情。如果你能够建立一个表格,每读完一个章节就在上面写上＋1。逐渐养成习惯以后,改成阅读一本书写上＋1,你会发现一个月你甚至能够读上5本书。然后阅读会变得不再痛苦,而成为一种习以为常的事情。当你能够跟别人谈起你阅读的著作以及你的看法,会是一件很有成就感的事情。

早起的习惯

要培养早起的习惯首先要为自己设定一个早起的目的。而且这个目的会让你很期待第二天的早晨快点到来。如果你是一个吃货，不妨睡前准备好一顿丰盛的早餐食材，等早上起床给自己做一顿很好吃的早餐。我给自己设定的早起目的是玩半个小时游戏（很神奇吧），这对我来说很有吸引力。于是，如果我想要6点半起床，那么我会把闹铃定在6点，然后快速起床，开机时间我会搞定刷牙洗脸，然后热一杯牛奶，一边打游戏，一边听着英语广播。通过这个方法，我将不适转换为舒适，让本来很难的事情变得容易而且备受期待。

写作的习惯

读书再多如果不写出来，就不能成为自己的东西。如果不能向别人说出来，就不能得到修正与反馈，也无法知道自己的观点是处于什么样的水平。写作是一个整理自己想法的很好的途径，将平时阅读中的论点整理出来，加以思考，总结成自己的话语。这样，逻辑能力和思考能力就会逐渐加强。当然，写作是件比较痛苦的事情，你需要整理自己的思绪，并且组织语言将它们表达出来。而且，当你对着电脑的时候，还要排除各种杂事的干扰，这对专注力也是一种锻炼。

（http://www.cb.com.cn/person/2015-06-04/1136446.html，2015-06-04）

第六节　怀着感恩的心态去工作

基层的员工，特别是刚从学校毕业进入社会一两年的新鲜人，应该以一种什么样的价值观和理念来择业与就职呢？正如在一次公司例会上，我和大家提到的，处于职业生涯的初期，大家应该更注重的是能力的提升和知识、经验、人脉关系的积累，而不要太看重一时的收入高低，如果因眼高手低、心高气傲、自视过高而频繁跳槽，会使自己成为无根的浮萍，等过了三五年后，同期的同学都已成为所在公司的骨干甚至主管时，你可能还在为自己的工作而到处奔波！这两年我们经常遇到应届毕业生在实习、试用期间，连招呼都不打（有的只是一个短信、一个电话）就自动离职，这就是一种很不负责任的表现，是要不得的态度！

我们经常讲现在的"Z时代的孩子"（1997年以后出生的孩子的统称）比较"玻璃心"，面对一点困难、挫折、不如意或者批评，就沮丧、颓废、消沉甚至自暴自弃。《商业至简》（中国人民大学出版社，2022）的作者唐纳德·米勒在书中明确指出，一个合格的成年人成熟的标志就是具备接受反馈，特别是负面反馈的能力，期待无理由的赞美是孩子的标志。因为成年人承担着更高的期望，他们要学习、成长并回馈他人。愿意接受来自值得信赖的导师、上级和朋友的反馈的人，不仅能够提高他们的社交和专业能力，更会让他们在市场上拥有竞争优势。建议职场新人应该至少每季度主动问一次自己的导师：您发现我有不专业的表现吗？您注意到我有什么遗漏之处吗？我有哪些可以改进的地方吗？

年轻的职场人越能保持乐观，勇于尝试，就越能享受到付出的回报。他们相信奇迹会发生，当他们勇于尝试却遭遇失败时，几乎立刻就会忘记失败的痛苦，因为他们对下一个机会充满期待，总能够在总结失败的经验和教训后重新站起来。年轻职场人应摒弃固定型心态，培养自己成长型心态，拥抱挑战、克服困难，把努力看成是掌握某项知识或能力的必经之路；必须从批评中学习，而不是忽视有用的反馈，学会从其他人的成功中得到鼓舞而不是威胁。

这几年生活成本一直在飞速上涨,我因工作需要经常来往于港台,时常感慨现在内地(大陆)一、二线城市的生活成本已高于香港和台北,但我们一般员工的工资水平是低于香港和台北的,这样就导致社会(包括劳资关系)的矛盾越来越尖锐。身为企业的经营和管理者,我非常理解刚步入社会的新鲜人的不容易,也一直在竭尽所能地提高大家的福利待遇,希望大家在世邦这个大家庭能没有后顾之忧地去追逐自己的梦想,实现人生的价值。但身为一个职业经理人,我又要很清醒地认识到,员工的高福利待遇是建立在企业健康稳定的发展并有一定盈利的基础上的,如果一味地提高员工的福利待遇,增加公司的运营成本,以至于公司出现亏损,请问这样的福利待遇可持续吗?

近期,我一直在研读陈春花教授的《激活个体》和前思科中国总裁林正刚先生的《正能量》和《创能量》,深深地被他们的论述所折服,颇受启发。

林正刚老师强调一个具备正确职业价值观的人要专注于让自己为企业创造的价值高于自己给企业带来的成本(包括固定成本和隐性成本),要意识到公司聘请你来是为公司增值、解决问题的,而不是来给公司增加成本、制造麻烦的!

所以,正确的职场观念就是要懂得感恩!感激养育你的父母;感激给你机会的领导和单位;感激与你配合的同事;感激培养你的师长;感激帮你创造业绩的客户和供应商;感谢对手让你看到距离和发展的空间;感谢批评者让你不断完善……正如耶鲁大学校长彼得·沙洛维所言,感恩的人不会妒忌他人,能较好地面对生活的压力,具有更强的抵抗力,更愿意去帮助他人。懂得感恩会增强人们的社会归属感和责任感并给人带来幸福。

拥有一份工作，要懂得感恩

翁静玉

二十几年前，我刚从日本念研究所回来，进入台湾输出入银行工作，担任办事员；同期的同事中，有我的大学同学，他是在美国念的研究所，可是职级却比我高一级，编制上是我的主管。同样都是研究所毕业，却因为国家有别，待遇就不同。我并没有因为待遇不如人就心生不满，仍是认真做事。交到我手中的事情，一定尽心尽力做到最好。此外，我也会积极主动找事做，了解主管有什么需要协助的地方，事先帮主管做好准备。

我认为工作除了有形的薪水之外，最重要的是无形的资产。这样的工作态度，被当时的上司注意到了。后来这位上司调去交通银行时，带去履新的随从人员中，我是唯一的办事员。这是很罕见的现象，因为通常都是一些主管跟随过去而已。

工作的价值并不单只是取决于一个面向

当年回台湾后，第一次上班报到的前夕，父亲告诫我三句话："遇到一位好老板，要忠心为他工作；假设第一份工作就有很好的薪水，那你的运气很好，要感恩惜福；万一薪水不理想，就要懂得跟在老板身边学功夫。"

我将这三句话深深地记在心里，自己始终秉持这个原则做事。一个人的努力，别人会看在眼里的。我认为一个好主管或老板，心中都有一份员工的资产负债表。

我认为工作除了有形的薪水之外，最重要的是无形的资产，包括可以学习专业技能的工作环境及人际关系。跟同事的关系、跟老板的关系、跟客户的关系，凡是工作环境所衍生的人际关系，未来都会变成你的无形资产，甚至泽及第二代，成为你下一代的人际资产。因此有工作做，要懂得感恩。

面对现今恶劣职场的三个锦囊

现在能拥有一份工作，有一个可供发挥的舞台，要惜福、感恩。除此之外，这里有三个锦囊建议，都可以作为参考：

（1）不管做任何事，都要把自己的心态回归到零。把自己放空，抱着学习的态度，将每一次机会都视为一个新的开始，都是一次新的经验，不要计较一时的待遇得失。一旦做好心理建设，拥有健康的心态之后，不论做任何事都能心甘情愿、全力以赴，当机会来临时才能及时把握住。

（2）学习接纳同事、老板及客户。如何与共事的伙伴相处，是一门大学问。相信自己，相信别人，随时调整角色，勇于领导他人，也愿意被他人所领导，这是非常重要的。

公司里的同事、老板或客户，都来自不同的家庭文化背景，各有不同的特质与专长，有缘相聚，如何彼此取长补短、化阻力为助力，是很重要的学习过程。一开始接触和你不一样特质的人时，一定要敞开心胸，先接纳了解，彼此包容沟通，这样才能创造愉快而积极进取的工作气氛。

（3）要能承受压力、愿意学习。换句话说，也就是要具有"斗魂"。"斗魂"指的是愿意打拼、奋斗不懈的精神。特别是还没有一技之长的年轻人，拥有的最大资产就是"斗魂"。企业在求生存的时刻，也需要能同舟共济一起奋斗的伙伴。能承受压力，不断学习成长的人，才能在非常时刻发挥临门一脚的功用。

总而言之，不论是职场"菜鸟"，或是"老鸟"，愿意学习成长、愿意打拼的人,才有未来的生涯。

(http:www.izhong.com/yiyou/article/2011060318543183-43128130848,2011-03)

第七节　如何成为职场达人

我一直说航运物流行业是应该由年轻人来挑大梁的行业,因为这个行业需要辛苦、勤奋、激情和活力……而这些特质是年轻人的优势!

但,我们这个行业同时面临着激烈的竞争、烦琐的工作、客户严苛的要求、世界整体经济低迷带来的环境压力等,一些年轻的同人加入这个行业后,经过一段时间,由于业绩没有起色、工作没有进步、收入没有增加等,陷入迷茫、徘徊的状态,甚至自暴自弃,得过且过,而有的人则想通过旁门左道实现一夜暴富来改变自己的现状!

天上没有掉馅饼的好事,没有人可以不劳而获,有一小部分人虽然可能通过投机取巧的方式侥幸得逞,但好景不会长,一切不劳而获的东西终将是一场空。

正确的态度是认清自己的优劣势,摆正自己的心态,跟上公司发展的策略和方向,任劳任怨地完成上级交付的工作和任务,不抱怨不找借口,培养集体荣誉感和责任感,多做总结和分析,及时与上级沟通,成为上级的贴心助手,脚踏实地地坚持下去,这样就一定会实现自己的人生梦想!

反之,如果继续混下去,公司最多损失的是几年的薪水,而你耗费的却是自己的青春、美好的未来,谁的损失更大呢?

怎样做才能成为优秀员工

有时候我们很努力地工作，却仍旧成不了优秀员工，是不是很郁闷？那么优秀员工平时是怎样工作的呢？按照以下优秀员工的做法试一试，希望您也能慢慢成为让大家羡慕的优秀员工。

优秀员工工作方法	一般员工工作方法
关注企业战略与长远发展	保住眼前的工资和饭碗
承担责任，信守承诺	漫不经心，得过且过
日事日毕，决不拖延	懒惰拖拉，消极应付
精打细算，多快好省	大手大脚，花公司钱不心疼
精益求精，产品等于人品	人品差不多就行了
吸取教训，总结经验	寻找借口，竭力为自己辩护
群策群力，分享共赢	单枪匹马，个人英雄
以结果论英雄	没有功劳也有苦劳
把企业当作自己的事业	把企业当成别人的事业

成为优秀员工不是一朝一夕的事，需要我们在工作中不断总结自己的工作经验，这是一个比较缓慢的过程。古人云：十年磨一剑，诺贝尔奖获得者赫伯特·西蒙在 1978 年也首次提出专业技能习得的十年定律。西蒙推测，"国际象棋大师能够在长时记忆系统中存储 5 万～10 万个棋局组块，获得这些专业知识大概需要 10 年"。在此基础上，畅销书《异类》(2014)作者马尔科姆·格拉德威尔演绎出 1 万小时定律：人们眼中的天才之所以卓越非凡，并非天资超人一等，而是付出了持续不断的努力。只要经过至少 1 万小时专业、正确的刻意练习，任何人都可以从平凡变成超凡。所以不要着急，用优秀员工的行为要求自己，力争成为上级心目中"靠谱"的员工。

那什么样的员工才算"靠谱"的员工呢？具体表现为：(1)让上级放心。主动报告，有问必答。(2)让上级轻松。了解上级的特点，成为上级的贴心助手。(3)让上级安心。工作踏实，忠诚可靠。(4)让上级满意。服从领导，毫无怨言。(5)让上级认可。表现突出，做事高效，效果显著。(6)帮上级进步。上级提升了，你更有机会了。总之，职场达人的特征就是凡事有交代、事事有回音、件件有着落。请职场新人以此来修炼自己，假以时日定会成功！

第八节　从平凡的工作中发现不平凡的意义

本人从事货代物流行业超过 30 年，一直用"奴才"公司来形容货代物流行业，大家每天用"战战兢兢、如履薄冰"的状态为客户提供优质高效的服务。服务好了，客户认为是应该的；反过来，稍有差错，轻则招来客户的痛骂投诉，重则导致索赔，甚至被诉至"公堂"。

但这样折磨人、令人厌烦的职业，为何我能一干就是 30 多年，而且还乐在其中呢？

首先是心态决定一切！试问，这世上有不劳而获的财富吗？在世界经济一体化的当下，特别是现阶段，中国已过了经济爆发式增长的时期，"人口红利"和"市场红利"正在消失，哪一个行业不是充满了艰辛和竞争？我们应该从平凡的工作中去领悟：其实我们是在从事一项伟大的事业！如果没有我们这些货代从业人员辛勤的付出，国际贸易怎么得以实现？国家怎么进步繁荣？人民怎么富足快乐？我们不要简单地把日常工作当作养家糊口的手段,而应该将其视为实现自己人生价值的事业,在追求自己职业生涯规划的过程中体会人生的快乐和实现自我价值!

网上不是在流传三个泥水匠的故事吗?

三个工人在砌一堵墙。

有人过来问:"你们在干什么?"

第一个人没好气地说:"没看见么? 养家糊口,砌墙。"

第二个人抬头笑了笑,说:"我们在盖一座大楼。"

第三个人边干边哼着歌曲,他的笑容很灿烂开心:"我们正在建设一座新城市。"

10年后,第一个人还在另一个工地上砌墙;第二个人坐在办公室里画图纸,他成了工程师;第三个人呢,成了著名的房地产商。

所以说,心态决定一切,成功学大师拿破仑·希尔说:人与人之间只有很小的差异,但是,这种很小的差异却造成了巨大的差异! 这个很小的差异在于心态是积极的还是消极的,巨大的差异就是成功和失败。

其次,要掌握一定的专业技能。货代这个行业需要一定的外语基础以及国际贸易、市场营销和物流航运知识,此外,在日常工作中还要与时俱进、终身学习、不断提高自我。

再次,要有责任心。在面试新人时,我总是强调货代这一行只有上班时间没有下班时间;我要求同事的手机要24小时开机,随时准备处理客户的突发事件。货代这个行业,严格意义上来讲,只有大年三十晚上那半天是休息时间! 我经常开玩笑说,互联网科技公司所标榜的"996"(每天早上9点上班,晚上9点下班,一周工作6天)工作时间标准对我们航运物流人来说只是"小儿科",我们都是"007"超人(每天凌晨零时上班,或者深夜 24 点下班,一周 7 天随时在岗),如果没有强烈的责任感、使命感,是很难想象和做到这一点的!

最后,要不断训练自己的沟通协调能力。有些同事生性内向,不善言辞。但货代这个行业,从总台、文件、操作、客户、财务到业务,每个岗位都需要和人打交道,如果没办法有效地和客户、协作单位甚至公司内部同事交流,就很难把本职工作做好,进而使自己得到提升。

真正的职场人会把简单的事情做到极致而不在乎所从事的事业是否多么伟大,日本人新津春子在羽田机场做了 23 年保洁工作之后,打扫出了世界上最干净的机场,受到了整个国家的尊重,获封日本"国宝级匠人"。

真正的职场人,做再普通的事也会不普通,因为他会把眼前的工作看成是提升工作技能的机会,看成是反思和收获的机会,看成是掌握先进工具的机会,看成是向新事物敞开大门的机会,看成是突破他人对你固有期望的机会。

我们从事的是一个充满挑战和机遇的行业,只要大家保持乐观、积极的心态,以饱满的激情和斗志投入日常的工作中去,等到像我这样,过了 20 年再回首往事,相信你们也一定会有成就感和幸福感,尤其是当你看到自己的付出所带来的正面影响时更是如此。

👁 延伸阅读

《工作? 事业?》(圆月:《心灵的奇迹》第一章第二节"现代人面临的共同问题",江苏人民出版社 2012 年版)

第九节 何谓"成功"

本节我要和大家谈谈何谓成功。2017年1月底,我利用在台北参加世邦集团尾牙晚宴的行程,把华南理工大学陈春花教授的《高效能青年人的七项修炼》看完,想跟各位分享陈教授书中关于成功的论述,最近微信上传播的香港中文大学校长在学生毕业典礼上的讲话更是为这个话题增添了丰富的内容。

当今社会,普遍认为的成功标准就是赚多少钱、开什么车、住什么房,导致绝大部分年轻人都在盲目追逐金钱、地位、权利……,轻者把自己搞得疲于奔命,过得很辛苦,重者就会迷失自我误入歧途,做出违法乱纪或违背良心道德的事情来,这都是不可取的!

香港中文大学校长沈祖尧先生说:成功就是你拥有高尚的情操,过着俭朴的生活并且存谦卑的心,如此你的生活必会非常充实。你会是个爱家庭、重朋友,而且是关心自己健康的人。你不会在意社会能给你什么,但会十分重视你能为社会出什么力。

陈春花教授认为,成功就是一系列的努力与进步,只要因为你,一切都变得更美好;只要因为你,周遭的人与事都变得更加进步;只要因为你,每天都有成长的痕迹。

爱因斯坦说:成功＝艰苦的劳动＋正确的方法＋少说空话。

稻盛和夫说:成功＝人格·理念(－100～100)×能力(0～

100)×努力(0~100)。

林正刚老师说：成功＝心态×沟通×知识。

我并不反对用财富作为评价成功的标准，只是不赞同这是唯一的衡量标准。年轻人想要取得成功首先要给自己定一个远大的，正面的，让人为之着迷、兴奋、充满激情的梦想，然后据此定下实现这个梦想的3~5年的奋斗目标，接下来就要撸起袖子、脚踏实地、身体力行地去加油干！没有行动，一切的梦想都只能是空谈，只能是白日梦！

就拿我来说，我步入职场后给自己定的理想是：成为中国最优秀的职业经理人！

我的中长期3个奋斗目标分别是：买一套150平方米以上的海景房（可以实现我四世同堂的中国梦）；写一本书；成为一位本行业知名的职场教练。

为此，我在自己的职业生涯道路上勤勤恳恳地努力奋斗着，至今可以说三大目标已实现两个，第三个目标在努力中，争取在接下来的五年可以实现。

现在，我不敢说我的人生是成功的，但至少觉得我的人生是丰富多彩的，是充实而没有虚度的，而且我身边的家人、朋友、同人都因为我的存在而感到骄傲和自豪！

◉ 延伸阅读

香港中文大学校长沈祖尧：如何不负此生

香港中文大学是香港最为出色的历史文化名校之一，也是被誉为亚洲最美校园之一的大学。（校训为"博文约礼"）书院制度独特，文化底蕴丰厚，一直吸引着很多内地学子。中大名人辈出,中大精神薪火相传。

从建校初期的新亚书院院长、中国国学四大家之一的钱穆先生,到现任中大校长沈祖尧,都在延续并且发扬着中大精神。来看看香港教育界大牛对毕业生的谆谆教导。

演讲原文如下:

今天早上我翻阅了毕业礼的典礼程序。当我见到毕业生名册上你们的名字,我按手其上,低头为你们每一位祷告。我祈求你们离校后,都能过着"不负此生"的生活。你们或会问,怎样才算是"不负此生"的生活呢?

首先,我希望你们能俭朴地生活。在过去的三至五年间,大家完成了大学各项课程,以真才实学和专业知识好好地装备了自己。我肯定大家都能学以致用,前程锦绣。但容我提醒各位一句:快乐与金钱和物质的丰盛并无必然关系。一个温馨的家、简单的衣着、健康的饮食,就是乐之所在。漫无止境地追求奢华,远不如俭朴生活那样能带给你幸福和快乐。

其次,我希望你们能过高尚的生活。我们的社会有很多阴暗面:不公、剥削、诈骗等等。我吁请大家为了母校的声誉,无比庄敬自强,公平待人,不可欺负弱势的人,也不可以做损及他人或自己的事。高尚的生活是对一己的良知无悔,维护公义,事事均以道德为依归。这样高尚地过活,你们必有所得。

再次,我希望你们能过谦卑的生活。我们要有服务他人的谦卑心怀,时刻不忘为社会、国家以至全人类出力。一个谦卑的人并不固执己见,而是会虚怀若谷地聆听他人的言论。伟大的人物也不整天仰望山巅,他亦会蹲下来为他的弟兄濯足。

假如你拥有高尚的情操、过着俭朴的生活并且存谦卑的心,那么你的生活必会非常充实。你会是个爱家庭、重朋友,而且是关心自己健康的人。你不会着意社会能给你什么,但会十分重视你能为社会出什么力。

我相信一所大学的价值,不能用毕业生的工资来判断。更不能以他们开的汽车、住的房子来作标准,而是应以它的学生在毕业后对社会、对人类的影响为依归。所以诸位毕业生会成为我校的代表。做个令我们骄傲的"中大人"吧!

在21世纪,全球的大学都有如处身于十字路口,因为在历史中,大专院校从来没有增长与膨胀得像现在那么快,而又像现在一般,忘其所以、失其导向。正当全球大专学生数目不断增加的同时,人们也前所未有地对大学教育的真正意义做出了重大的质疑。

正当在某些国家,大学被誉为推动科技与经济建设的火车头的时候,在另一些地方,大学却被诋为纵容精英主义和放任不羁的地方。那么大学教育,所为何事?

纽曼枢机曾经这样说:"若大学课程一定要有一个实际的目的,我认为就是培养良好的社会公民……这种教育能给人以对自己的观点与判断的真理,给人以倡导这种观点与判断的力量。它教他客观地对待事物,教他开门见山直奔要害,教他理清混乱的思想,教他弄清复杂的而摒弃无关的。"

认清大学的价值和本质

我相信一所大学的价值,不能用毕业生的工资来判断。更不能以他们开的汽车、住的房子来作标准,而是应以它的学生在毕业后对社会、对人类的影响为依归。

我们也要弄清楚大学的本质:它并非纯粹是一座知识宝库,也并非单单是创意和创新的推动者。大学绝非一所职业训练学校,更万万不可沦为培育贪婪、自私、毫无道德和社会责任可言的人才的机构。大学不可能是排名榜的盲目追随者,更不可以被视为推动生产总值的引擎。

认识并带领你的时代

今天你们毕业了,我送你们钱穆老师的一番话:"认识你的时代,带领你的时代。

"你们一个人怎么样做人,怎么样做学问,怎么做事业,我认为应该有一个共同的基本条件,就是我们一定先要认识我们的时代。我们生在今天这个时代,我们就应该在今天的时代中来做人、做学问、做事业。

"大部分的人不能认识时代,只能追随时代,跟着这个时代跑。这一种追随时代,跟着时代往前跑的,这是一般的群众。依照中国人的话来讲,即是一种流俗。每一个时代应该有它一个理想,由一批理想所需要的人物,来研究理想所需要的学术,干出理想所需要的事业,来领导此社会,此社会才能有进步。

"否则不认识这个时代,不能朝向这个理想的标准来向前,此即是流俗。流俗又如何能来领导此社会?所以每一个时代,不愁没有追随此时代的流俗,而时代所需要的,则是能领导此时代的人物、学术与事业。"

这是一个怎样的时代?这是一个个人主义抬头的时代。个人利益凌驾于群体福祉,个人意见往往成为唯一能接受的意见。但海纳百川,有容乃大。我们不应只顾自己的利益,不要过于自以为是,而要学会多听别人的意见,考虑各方看法,协力实现梦想。

这是一个资讯爆炸、是非难辨的时代。每日在网上流传的资讯,媒体发放的消息,为我们带来不少冲击。但事情往往不是表面看来的那么简单,是非黑白往往需要仔细分析,深入了解。大学教育的目的,是培养独立思考。同学毕业后更需终生学习,有慎思明辨的能力。

这是一个利益在前,道德在后的时代。金钱、地位、权力,已经成为世人追逐的唯一之物,道德和价值观的培育,却渐渐被人遗忘。壁立千仞,无欲则刚。但愿你们不要让利益掩盖良心,以厚德载物自许。我们所追求的,理应是较名与利更能持久的东西。

我盼望中大毕业生能虚怀若谷,以远大的眼光,包容的态度,带领我们的时代。我盼望中大毕业生能恪守道德,做好本分,不要为了个人利益,埋没良知。我盼望中大毕业生能认识时代,引领潮流,不流俗、不盲从,做个对社会有贡献的人。

知道满足,懂得感恩,贡献更多

面前放着半杯水,你看到的杯子是半满,而非半空。你会明白世界上没有什么事是理所当然的,无论是健康、家人、爱人或者机会。你在这个年纪所拥有的一切,所获得的成就,是这个世界上许多人想也无法想象的。知道满足便会快乐。懂得感恩,你心中所念兹在兹的,就不是还想获得更多,而是贡献更多。你应努力回报社会,用你的时间、你的知识,或许有一天,是你的财富。到那时你会发现,奉献愈多,就愈富足。

"不要问香港可以为你做些什么,而是你可以为香港做些什么。"为自己和别人创造更多机会,献上更多关怀,你的烦恼反而减少。懂得感恩,你大概也是个包容的人。

一天当父母开始双鬓斑白、记忆衰退、步履蹒跚时,你不会对他们抱怨挑剔,你会不离不弃地照顾双亲,为他们做饭洗脚。

一天你有了更大的成就、更高的收入,或更高荣誉时,你也不会瞧不起老师,你会饮水思源,告诉别人他是我脚前的灯、路上的光。

有一天我们的社会无论面对多大的困难、多少的挑战,你也不会离弃香港,不顾而去。你会尽你的责任为香港创造未来。各位，今天是值得我们庆祝并为之欣喜的大好日子，但不要忘记……这还是个应当感恩的日子。

　　各位毕业同学，在我的心目中大家都是我的儿女。当我诵念你们的名字时，我默祷你们都能不负此生。

（2011.12.01）

（http://www.sohu.com/0/20398674.135947，2015-06-27）

§ 第三章 §

打造自燃型的团队

第一节 国际货代行业需要什么样的人才

相信每个人,特别是大学刚毕业的新人对自己的职业生涯都有一个美好的规划,但残酷的现实很容易把原先的规划打乱甚至击碎。

一个社会新人从走出校门到在社会立足直至成为公司骨干或主管,少则三年,多则需要五年甚至更长的时间,你是否做好了这样的心理和思想准备?

人人都想当"老大",但你要反省一下自己是否具备了做老大的基本素质:勇敢、热情、负责、坚定、奉献、包容、担当……

这些素质有的是与生俱来的,但更多是经过后天培养而形成的。

一个人,只有勇于承担责任,积极进取,并且随着其在公司地位的提升而承担更大的责任,得到的回报才会相应越多。

天下没有白吃的午餐,如果想要获得高收入,想要职位提升,就要勇敢地站出来为部门为公司为集团去承担压力、风险与责任;到别人不想去的艰苦地区磨炼,干别人不想干的活。

一个公司发展的最大瓶颈是人才。国际货代企业属于"轻资产"企业,作为连接货主和承运商的桥梁,越来越多国际货代企业目前正扮演着资源整合者和系统功能集成商的角色,这些都决定了人是国际货代物流经营中最重要的资源。那么，国际货代行业到底需要什么样的人才？

从知识储备来说，干好货代这行，至少应具有三个方面的专业知识：一是基本的国际物流专业知识，二是必要的国际贸易实务专业知识，此外还应至少掌握一门外语。

根据以上三个方面的知识储备要求，具有物流或交通运输、国际贸易、市场营销知识和外语背景的人比较适合从事国际货代行业。目前各类国际货代企业的中坚力量大多来源于拥有这几类背景的人才。但现实中，这些专业知识仅仅是涉足行业的必要条件，完全可以通过岗位培训和实践逐步获得，而专业的技能、良好的职业素质和修养等不可或缺的"软技能"才是干好货代的先决条件。

◎ 延伸阅读

《如何成为企业爱用的物流人才》（蒋啸冰：《物流江湖自我修炼之道》，电子工业出版社 2016 年版）

第二节　如何做好新进员工的入职培训

对于新进员工，特别是刚从学校毕业步入职场的社会新人的入职教育是我们发现人才、培养人才、留住人才非常重要的一项工作。应届毕业生刚从学校和家庭相对安逸、舒适的环境进入现实、残酷、竞争的职场，会有一个不适应、迷茫、彷徨的阶段，一个负责任的公司要通过一系列的培训和指导，帮助他们树立正确的职场价值观，让他们知道企业的老板是谁，企业的文化、经营理念、愿景和使命是什么，让他们知道是在为一家什么样的公司服务，在公司努力奋斗后的结果是什么，企业文化是否跟他们的价值观、目标、理想相吻合。如果这些新人经过公司的培训发现公司的价值观和理想与他们个人的是相匹配的，那我相信他们就会安心地留下来与我们一起打拼，一起去追求梦想的实现！

随着公司不断的发展，我们在不断地招募人才，那引进人才后怎样培训人才、留住人才呢？

这里向大家介绍阿里巴巴新员工入职培训的三个内容。第一个内容：企业文化的导入。新员工通过培训了解阿里巴巴的企业使命、愿景、六大核心价值观、公司发展史、公司组织框架、公司主营业务和公司基本规章制度。企业文化是一个企业区别于其他所有企业，包括同行的一个核心点，在招聘系统里一定要通过各种工具和方法去找到与本公司企业文化相吻合的员工。在这个环节，应深入了解员工想法和意愿，从而更好地筛选出贴近企业文化的员工。

第二个内容：通用类的培训。企业不能让员工，特别是新员工觉得公司把他招进来就是把他当作赚钱工具，而是要在整个入职培训体系里提供一些通用类的培训，比如讲授办公软件的使用方法以及谈判技巧、沟通技巧、职场礼仪、时间管理和人际关系管理等方面的知识。这些可迁移的技能无论在哪家企业都能提升员工胜任工作的能力，让新员工感觉企业一直为自己着想，而不只是为了"拉壮丁来打仗"。这就是阿里新人培训的独特理念。

第三个内容专业技能培训，并且运用好"16字秘诀"。第一个：我说你听——就是岗位的核心负责人或者经理、总监，首先要培训新员工，这就是我说你听。第二个：你说我听——检查新员工吸收培训内容的情况。在培训后请新员工反过来告诉主管,培训的内容是什么,检查新员工有没有吸收或者吸收得准不准确,就是你说我听。第三个:我做你看——就是培训完之后,新员工看着主管或师傅做一遍,有问题就提问。第四个:你做我看——就是由新员工来操作一遍给主管或师傅看,如果有什么问题,主管或师傅就要现场给予指导。

培训是企业可持续高质量发展的一个保障,是使"种子"健康成长的长期工程,它使招聘过来的优良"种子"能够在自己企业这块土壤里面生根发芽,并且再孕育出拥有本企业基因的种子。参考以上阿里巴巴的案例结合本人的管理经验,我建议企业对新员工的入职培训做到以下几个方面:

(1)人事主管一定要在第一时间向新员工介绍集团、公司的概况及组织架构,并请新员工认真阅读公司的员工管理守则(业务员还要签署同意"业务员管理规定"),填写员工入职资料。

(2)部门主管和人事主管要把新员工介绍给全体同人,让新员工尽快融入集体,老同事要对新员工的到来表示热烈的欢迎。第一天,部门或人事主管要力争跟新员工一起共进午餐,一定要让新员工尽快摆脱对工作环境的陌生感和心理上的孤独感,迅速融入大家庭。

(3)一定要做好入职后的第一堂课——"企业文化及组织架构"的培训。最好由最高领导来主讲,让新员工知道所在的是一个什么样的公司,创始人是谁,文化精髓是什么,企业的经营理念、愿景、目标、使命是什么。力争企业的这些理念能在短时间内取得新员工的认同,使大家愿意为了一个共同的目标、愿景而打拼!

(4)主管一定要教会新员工基本的职场礼仪,并按照公司的规定书写正确且高效的邮件,使其表现出一个合格职场人应有的素质。

(5)组织要为新员工选择优秀的导师加以辅导,而带新员工的师傅一定要尽心尽责带好徒弟,通过"传、帮、带"让徒弟在最短的时间内掌握必要的行业知识、流程,尽快实现独立工作的目标。请记住:"教不会徒弟,累死师傅。"

(6)不管任何岗位,主管务必要教新员工掌握正确的交流沟通技巧;我们是服务行业,不会跟人交流,他/她的职业生涯就是死路一条!

蒋啸冰先生是一位有理想的物流人,他在物流货代企业工作十几年之后,毅然辞职,通过著书立说来当企业培训师。蒋老师所著的《物流江湖——自我修炼之道》中有一个章节专门讨论为什么现在一方面大专院校物流专业越办越多,但毕业生却好像很难找到工作,而另一方面物流货代企业领导一直在哀叹找不到人才的矛盾现象。这正是目前理论教学和职场现实需求之间矛盾的体现,有鉴于此,我于 2019 年年初创办了专注于中国航运物流业职业教育培训的"立明致远物流大讲堂",被国内数所高校聘为兼职教授及客座教授,并与厦门理工学院物流系联合办学,旨在为中国航运物流业培养源源不断的、德才兼备、受企业欢迎的人才。在学校授课时,我一再强调,学生在学校学习时更重要的是培养自我学习、逻辑思维、判断领悟的能力,步入职场后再根据实际工作岗位的需要有针对性地进修、学习、实践、创新,这样他们今后的职业生涯一定会很精彩很成功!

当然,作为企业的领导者和管理者,我们要怀着为社会做贡献的公益胸怀来做企业培训,不要因为怕员工流失导致企业损失而忽略甚至放弃了员工培训;我们应该反过来想,如果不培训,万一这些不合格的员工留下来了,怎么办? 公司的服务水平怎么提升、品质怎么保证? 现在不是流行说"教不会徒弟累死师傅"吗?

◉ 延伸阅读

如何培养一个好的自己

—— 和君商学院院长王明夫关于职业发展的一次演讲

王明夫

今天我来跟大家谈谈职业选择和职业发展的话题。

首先从就业说起。报上说今年大学毕业生 700 多万,是史上最难就业年。我印象中,这几年,年年都这样说。反正就是就业很难,找不到合适的工作。有个对话,发人深省,甲说:我想 3 000 元招个民工;乙说:你别逗了,现在 3 000 元只能招个研究生吧。想来很是辛酸和感慨,一个年轻人把最好的青春年华交给了大学,从那里出来加入求职大军,就像一粒尘埃融入滚滚红尘,你推我搡、你争我抢,最终搞得从内到外整个儿面目狰狞、前途迷茫。这现实,很残酷。与这对应的是,到处都在喊招工难、招人难、招高管更难,闹民工荒、技工荒、人才荒、主管荒。和君咨询每天签约 2 单左右,每年服务几百家企业客户,有央企有民企有外企,有高大上的公司也有草根企业,很少不受人才短缺困扰的。跟我接触的几乎所有企业老板,听说和君商学院人才济济,都眼睛放亮,托我找人,找秘书、找助理、找HR 经理、找营销总监、找财务总监、找数据挖掘师、找懂 O2O的人才、找总经理……好像整个社会什么岗位都缺人手,眼巴巴望着有人来干。我深知他们求才若渴,企业不缺机会,最缺的就是人才。人才短缺长期困扰企业的发展,年复一年。

瞧瞧,这就是现实。一方面大量的人找不到工作做,另一方面大量的工作找不到人做。而且是越好的单位、越好的岗位,越缺人。同学们你们有没有想过,这是哪里出毛病了?教育出毛病了。这是教育失败的结果。"天生我材必有用",一匹马一头牛一只骡子都能找到它们的工作,我大活人一个,身体健康,受过高等教育,如果教育给了我良好的培训,怎么会找个工作就那么难?

中国教育的整体状况,我们个人无力去改变。但自己个人的命运,可以奋起自救。怎么自救?不去指望如今的大学或单位把我培养好,我自己来着手培养一个"好的自己"。转变努力的方向,从"努力去找到一个好单位或晋升一个好职位"到"努力去培养一个好自己"。从成功向外求,变为成功向内求。与其满世界去追成功,不如静下心来好好地培养自己,让成功掉过头来追你。追女朋友男朋友、追工作、追晋升、追钱财,何尝不是这个理儿?

你有没有认真想过这个问题:怎样培养一个好自己?什么样才算是一个好自己?这些年你都忙啥了?忙的那些事儿,跟培养一个好自己,是貌似相关还是实质相关,是正相关还是负相关?你闭上眼睛想几分钟,或许想着想着你就开始后怕。你会发现自己多少年来都像是一只迷途的羔羊,并没有走在培养自己的正道上。

同学们听说过八段锦吗?一种传统保健功法,始于北宋,不妨称之为宋朝的广播体操,形成于 12 世纪,分八段,简单易行,治病强身,功效显著。动作有松有紧,动静相兼,气机流畅,骨正筋柔,古人称其为"锦",意为动作舒展连绵,如锦缎般优美、柔顺、流畅。我很喜欢这段描述，取意于这段描述，我把我关于"怎样培养一个好自己"的理解，叫作"人生如莲——职业发展八段锦"，内容分为八段：

(1)端正成功理念

(2)选择职业方向

(3)建设知识结构

(4)准备从业资格

(5)掌握职业技能

(6)塑造职业素养

(7)学会自我管理

(8)修炼职业境界

你看着这个目录，心静下来，体会一下：这八个题目的总体构成是个什么东西，它们之间的逻辑关系和先后顺序是怎样的？针对每一个题目，你自己做得怎么样、做到了什么程度？你是否走在了"培养一个好自己"的正道上？问自己八个问题吧，结论自明：

(1)我的成功理念对路子吗？我急功近利、急于求成吗？我的人生观和价值观正确吗？正如稻盛和夫的说法：做为人，何为正确？

(2)我适合从事什么职业？我有明确的职业方向吗？如果没有，为什么、怎么办？如果有，这个职业方向符合自己的特质和专长、符合未来社会发展的需要吗？我的职业方向选择受限于我所学的专业吗？根据社会的未来发展趋势，哪些职业方向更有前途、可供选择？

(3)我现有的知识结构是什么？这样的知识结构能支撑我走多远？什么样的知识结构才算是一个好的知识结构？我为此读过哪些书、听过哪些课、平时阅读什么网站和信息？

（4）我拥有什么证书和从业资格？我需要拥有什么证书和从业资格？

（5）我掌握了什么职业技能？我应该学习哪些职业技能？我为此读过哪些书、听过哪些课、平时阅读什么网站和信息？

（6）我拥有什么样的职业素养？我应该怎样塑造自己的职业素养？我为此读过哪些书、听过哪些课、平时阅读什么网站和信息？

（7）李嘉诚说：很多人的状况不理想或人生失败，本质上都是因自我管理上的失败造成的。我有明确的"自我管理"意识吗？我能做好"自我管理"吗？我的饮食、作息、健身、习惯、婚恋、交友、情绪、时间分配等方面，如何进入良好的自我管理状态？哪些方面已经失控了？怎么改正它？

（8）我应该怎样修炼职业境界？为此应该读什么书、听什么课、拜什么人为师？哪里能聆听真正的高人和大师的教诲？

我想多说几句的是：端正成功理念。什么叫端正？什么理念是正的，什么理念是歪的、是邪的？这是个人生观和价值观问题，各人有各人的选择。所谓端正，往哪个方向端？

我觉得，首先需要明白"人生如莲"的道理。人生就像是睡莲，成功是浅浅地浮在水面上的那朵花儿，决定花儿能否美丽绽放的，是水面下那些看不见的根和本。我们太在乎成功，每每全部心思都专注于水面上看得见的花儿，却疏于去关心水面下那些看不见的根和养分。结果是每每事与愿违，花不如意。莲花初绽，动人心魄，观者如云，岂知绚烂芳华的背后是长久的寂寞等待和生根固本的艰苦努力。《论语》说："君子务本！"务本才是正道，花开只是结果。不走正道，就没有好果。

怎么务本？我提出"三度修炼"的和君文化：态度决定命运，气度决定格局，底蕴的厚度决定事业的高度，态度、气度、厚度,三度修炼,持之以恒,日积月累,功到,自然成。功不到,自然不成。人生究竟能否走向成功,因果就这么简单,道理就这么明白。致力于因,功夫下足,自有果报。你的态度端正吗?你的气度雄阔吗?你的底蕴深厚吗?人生三问,命运自明,何必再去找什么算命先生?

秉着"人生如莲"和"三度修炼"的和君文化,我们提出了一些成功理念和功夫法门,这些理念和功夫,值得一生修炼和践行。

(1)只有具备初恋般的热情和宗教般的意志,人才能成就某种事业。

(2)成功链条:获取基于贡献,贡献源于能力,能力来自努力。

(3)有目标,沉住气,踏实干。

(4)真心诚意,蓄深养厚,成人达己、内圣外王。

(5)激情点燃梦想,习惯成就理想。养成一些好习惯。

(6)知行合一,行胜于言,致良知。

(7)PDCA(Plan-Do-Check-Action):循环往复、持续改进、精益求精、追求卓越。

(8)劳动精神:奋斗、挑战、吃苦、忍耐、坚持。我们鄙视任何贪图安逸、不劳而获、侥幸得到的行为。

(http://www.sohu.com/a/120017039_475936,2016-11-27)

第三节　如何写一封正规的商务邮件

电子邮件虽然看起来没有打印出来的商务信函那样正式,但是,电子邮件快捷高效的特性,使之成为日常商务往来的主要工具。在素昧平生的陌生交流中,你在邮件中体现出来的态度和专业就是你的形象、你的名片,因为你的客户和合作伙伴可不会轻易与写邮件随随便便的人做生意的。能够书写一封标准的、文字流畅的电子邮件是一个职场人基本的素质,也是赢得生意的利器,同时也是万一未来有商业争端或纠纷时的有效证据。

那么,如何写出完美的英语电邮呢?

一、主题

每封邮件一定要写明邮件主旨,是感谢信、问候信,是业务询盘、回盘、市场开发,还是工作报告、访客报告呢,请务必为你的每一封邮件定好位。在航运货代物流业,我们提倡这样的做法,即针对业务的邮件最好是在邮件主题上显示订单号或提单号,以便自己和收件人辨识并根据邮件内容归类存档及后续查阅。

二、问候语

用问候语开始是一封专业邮件的重要标准,根据你与收件人关系的亲近与否,你可以选择使用他们的姓氏来称呼或者直呼其名,如果对方是个德高望重的长者或双方关系不是太近的话,你可以使用他们的姓氏。例如:本人的英文名字是JOHNNY HUANG,你写邮件给我可以用"Dear Mr. Huang"

或"Dear Johnny"。如果跟我关系密切的话,可以说"Hi, John-ny";如果你联系的是一家公司而不是个人,就可以用"To Whom It May Concern",然后用"Good day, thank you for your cooperation as always."作为整封邮件的开始。

三、主体

邮件的主体大概包括以下几个部分:

首先是说明写信的意图。如果你的邮件是为了回复客户的询问,你应该以感谢开头。例如,如果有客户想了解你的公司,你就可以说"Thank you for contacting our company.",如果此人已经回复过你的一封邮件了,你可以说"Thank you for your prompt reply."或是"Thanks for getting back to me."。原则上一旦有机会,一定要谢谢收信人,这样不但会让对方感到舒服,而且显得你很有礼貌,这无疑会增进你们之间的感情,也有利于今后继续合作。

如果是你主动写电子邮件给别人的话,就不要再写什么感谢的字句了。你可以开门见山地表达你写此邮件的目的。例如"I am writing to enquire about..."或是"I am writing in reference to..."。在电子邮件开头表明你的意图非常重要,这样才能更好地引出邮件的主要内容。

其次是清晰地陈述事件。表明意图后,你就可以陈述要说的具体事件了。在陈述事件时,按事件的性质,最好遵循先紧后缓、先重后轻的原则,条理清晰地把事件叙述好。可以用:First of all(首先),Secondly(其次)、Third(再次)、Last but not least(最后但并非最不重要的)等等。书写时记得要注意拼写、语法和标点符号,保持句子简短明了并且使句意前后一致。

最后是提出你的建议或征求对方看法。你可以提出意见,例如，"In my opinion…"（依我看来……），"I suggest…"（我建议……）等，然后可以向对方征求意见，例如，"It's only my suggestion，what about your opinion？"（那只是我的意见，你有什么看法？）。如果是想请人帮忙的话，可以说"I hope that will not cause you too much trouble."（我希望那不会给你添太多麻烦）。

四、结束语

在结束邮件之前，再次感谢收信人并加上些礼貌语结尾。你可以用"Thank you for your consideration."（多谢您的体谅），然后接着写"If you have any questions or concerns，please don't hesitate to let me know."（如果您有任何问题，请随时联系我），最后写上"I look forward to hearing from you."。

五、落款

落款写上合适的祝愿语并附上你的名字。这些祝愿语，例如，Best regards、Sincerely 都比较规范化。建议最好不要使用 Best wishes 或者 Cheers 一类的词，因为这些词一般常用在非正式的私人邮件中。最后写上你的名字，最好用签字栏写好完整的公司名号、地址、联系方式，以便客户今后联系。

需要提醒的是，在你发送邮件之前，最好再读一遍邮件内容并检查其中有没有任何拼写错误，这样基本上能保证你发出的是一封比较完美的邮件。

接下来补充一些邮件小技巧。管理顾问公司麦肯锡（McKinsey & Company）调查发现，上班族每天约有 25% 的工作时间是用于处理 e-mail 的。换算一下，如果你每天待在办公室 8 小时，你几乎有 2 小时是花在 e-mail 上，如果再扣掉吃饭、休息时间,可以做事的时间到底剩多少？现在的职场人几乎都患有微信、QQ、邮件强迫症,一直不停地刷手机或电脑,生怕遗漏任何一封邮件或信息,其实这样会使自己的时间碎片化,不利于自己集中时间和精力处理更重要的紧急事情或开好一个高效的会议。

所以建议首先将邮件内容一次性交代清楚,e-mail 的频繁往返,是浪费时间的元凶。常见的例子是客户的迎来送往的安排,比如,下周有一批重要客户来访,是在一封邮件里就把客户到访的航班或动车车次、人数,是否需要安排接机或接车,是否需要预订酒店宾馆、会谈见面的时间及地点等等问题一次性问清楚,还是一个一个问题分别问,其中效率的高低就泾渭分明了。

等到双方都确认了所有事项后,还可加上一句"无须回复,期待见面",结束 e-mail 往返。

其次,主旨要一目了然:紧急、重要必须立即回复的 e-mail,最好能够在主旨中交代清楚。例如,需要对方立即回复时,可写明:【重要:务必点阅】关于下周年度总结会讨论事项。

如此一来,收到 e-mail 的人便可从主旨中得知是否要立即处理,还是可以改天再处理,也可以提高 e-mail 的点阅率。

最后,邮件除了发送给直接收件人之外,为了避免遗漏,应抄送给必要的相关人员以确保万无一失。

◉ 延伸阅读

世邦集运(厦门)有限公司邮件收发制度

1.认真学习及掌握邮件收发和使用的正确方式,便于正确使用邮箱、提高工作效率、树立公司形象!

2.上班第一时间即打开邮箱及时处理邮件,直至下班才可关闭。出现邮箱故障,要及时报告请求协助处理(各部门主管需掌握处理邮箱故障的基本技巧及集团IT部门协助处理的联络员资料)。请假人员的邮件由各部门主管负责代收发并安排相关人员代为操作。

3.接收到对方之电文查询务必在半小时内回复,需要花上一小时以上查证或索取资料时,请先回复让对方知道你正在处理,并提醒自己务必当天回复给客户。请注意,千万不得让自己的服务质量下降!

4.接收到电文查询或 sales lead,因职务分别或地缘关系,此电文不属于本单位或本人处理的,请务必及时将该电文转给正确单位或当事人,并让寄信人知道你将此封信转给何人处理。而接收到该电文者,应遵守前项之规定并回函副本给转让此电文的同人,以便让他了解你已经在处理了,减少不必要的催讨信函,也让代理及客户肯定我们的服务质量,放心把订单交给 TVL 。

5.凡是接到不明之自来货 booking,请先向客户查询是何人介绍或公司哪一位同人曾向他报价过,以便厘清业务来源。若真的无法从客户的资料辨认订单的来源,请先向该站业务人员及主管查询 Shipper/工厂名称、Cnee 名称/联络电话、目的港、货量(CY or CFS)、付款方式(Prepaid/Collect) 等数据。若无结果,请上报管理层,主管必须迅速向有关人员查询并解决问题。

6.任何重要邮件的发送均需要向各自部门主管请示以征得同意,并在发送时抄送各自主管。

7.各部门主管若发现各自部门人员没有及时回复收到的重要邮件,应提醒并协助处理。

8.重要邮件应清晰分类归档,便于后续查询或求证。

9.及时清理邮箱中的垃圾邮件及不重要邮件,保证邮箱有充足容量及收发顺畅。

10.严禁用公司邮箱收发与工作无关的私人邮件。

11.不明邮件切忌擅自打开,避免公司邮箱或电脑网络受到病毒攻击,影响正常工作。

备注:公司任何人员参阅上述要求后,若还因违反上述规定,造成对公司形象、利益及工作安排极不利影响者,将在年终考评及奖励时给予针对情节的相应处罚,情节严重者将责令辞职。

第四节 制定团队目标的重要性

何谓团队:是指以任务为导向,由具有不同的,但又是互补的知识、技能、性格、经验、年龄等的个体,按照一定规则组成的集合体。目标、人、定位、权限和计划是构成团队的五大要素。一支高效的团队拥有以下特征:

(1)拥有共同的目标;

(2)具备实现目标的合作意愿和相关的技能;

(3)具备合作所需的沟通能力;

(4)对目标的实现做出一致的承诺;

(5)成员之间有坚实的信任基础;

(6)有恰当称职的领导。

什么样的目标才是所有团员愿意接受,既合理又有挑战性的呢? 设立明确的、有时效性的、可实现的、具有挑战性的目标应遵循 SMART 原则:

(1)目标必须是明确的(specific);

(2)目标必须是可衡量的(measurable);

(3)目标必须是得到认可、可达成的(achievable);

(4)目标必须具有相关性(relevant);

(5)目标必须有时限性(time-based)。

一个优秀的职业经理人一定要为自己的职业生涯确立一个远大且有意义的理想,然后根据这个理想详细规划现实可行,又有激励意义的短、中、长期目标,最后朝着这个目标带领团队坚定不移地努力奋斗下去,不达目标誓不罢休。

中国经过四十多年的改革开放,已过了经济爆发式增长、遍地是机会的草创期了,国家逐步步入法治化、制度化的发展轨道,这时候,年轻人要克服浮躁、急于求成的毛病,理性地分析自己的优缺点,然后脚踏实地、一步一个脚印地去努力去进取。既不要太自以为是,不要眼高手低,制定不现实的目标,也不要一遇到挫折和困难就逃避就放弃,这两种人都是不可能成功的,而且路会越走越窄!

团队制定的目标一定要兼具挑战性和可实现性。挑战性会让人产生成就感,而可实现性会让人坚持且不会轻易放弃。一个优秀的主管不仅懂得制定个人目标,而且一定会根据自己所处的环境和市场,结合公司的目标及战略,再分析自己团队成员的特点及能力,定出一个具体的、取得成员认可的、切实可行的,具有挑战性,既能激励团队又能让上级认可的月度、季度、年度的奋斗目标。此目标一经确定,就要不折不扣、没有任何借口地去实现——这是一种契约精神!

现实往往是这样的:年终考评时,若完成目标了,掌声一片,颁奖领奖的皆大欢喜! 而如果没有实现目标,当事人就以各种理由来解释,上级主管大多高高举起轻轻放下,责骂几句走过场,来年还是故伎重演!

其实这是很不负责任的做法,你找的借口一定是理由充分的,问题是你解释汇报的意图就是要组织、上级接受你无法完成既定目标的不良结果?那怎么对得起组织对你的信任及部属对你的追随呢?所以我的结论是:一经确认而制定下来的目标,就要没有任何借口地去完成。如果完成不了,责任人是不是要承担相应的责任?责任人要有目标承诺的原则底线,"没有功劳也有苦劳"的说法和借口是不能被接受的!

希望日本经营之神稻盛和夫先生的语录能给大家启示,也希望主管懂得给自己和团队制定切实可行的、明确的目标,然后带领团队成员没有任何借口、义无反顾地去达成!

◉ 延伸阅读

《设立具体的目标》(稻盛和夫著:《经营十二条》,中信出版社 2011 年版)

第五节　目标的承诺

最近几年,许多企业领导者和管理者都在感慨如今的"90后",特别是"00后"不好管理、员工流动性高,一直在探讨互联网时代的组织管理模式。

2016 年 4—5 月,虽然忙于筹备集团旗下"世邦厦门"轮在台湾和福建的首航仪式,但我还是忙中偷闲地看了几本好书,其中最受启发的是前思科中国区总裁林正刚先生所著的《正能量》《创能量》及华南理工大学工商管理学院教授、中国 100 强企业之一的新希望六和股份有限公司联席董事长陈春花女士所著的《激活个体》。

尤其是陈教授的《激活个体》论述的是在互联网时代,传统行业的领导者(管理者)如何适应新形势,用激活的文化来激发员工的动力和主人翁精神,用创新的思维来挑战自我,打破老旧的模式和思维,使企业一来适应不断变化的、充满不确定性的外部环境,二来保持员工持续不断的激情!

陈教授本身除了是著名的组织行为学教授,还兼任国内100强企业之一的新希望六和集团的联席董事长,她提出了一系列经实践证明是确实可行的操作方法,值得我们思考摸索。

今天主要和大家讨论的是陈教授书中关于目标承诺、如何开好月度(业绩)检讨会的内容。

十年前世邦集团物流事业群在李董事长的指示下成立了经营管理企划委员会,每个月由常委会牵头,集团物流事业群各主要主管、中国大陆地区事业处各分公司经理人都到场,用视讯的形式汇报各站的经营情况。六年过去了,我相信有些分公司的经理已经觉得这个会议费时费力、枯燥无味、流于形式了——一切正如陈教授在她书中所说的,一些经理人甚至以各种借口不参加会议,报告也让下属代写来应付!

一个分公司要取得成功,首先要组建一个团结有激情的团队,然后制定一个跟总部目标一致、员工共同认同并愿意协同努力的小目标(这个目标不是经理自己拍脑袋或迫于上级压力拍胸脯拍出来的!),随后,经理的职责就是承担责任,充分调动资源带领团队去实现目标,从而最终促进组织的健康发展。

因此,我们的周复盘或月度检讨会应由经理们来检讨承诺,检讨我们的行动是否符合公司宗旨、精神和理念,并在会上让大家一起探讨如何通过创新来保持公司可持续发展的优势和活力,而不是照本宣科地读自己的书面报告而已。

这样的周复盘和月度会议应该是大家所期待和愿意积极参与的吧?!

● 延伸阅读

目标承诺

目标的制定和分解是组织决策过程中的一项重要工作,同时更是经理人员理所当然要承担的重要责任。除此之外,目标还是协同大家一致行动的根本要素。经理人员不仅要制定目标,还要设法让组织的所有人员都接受这个目标,经理人员在制定目标的时候,一方面自己要承担责任,另一方面要将部分工作授权给其他管理人员来完成。这样一是可以减轻经理人员的工作负担,更重要的是会使组织的其他管理层以及一线工作人员能够对组织的目标有更清楚的了解和认识。制定目标毕竟只是一种手段,制定目标的初衷是为了让其能够实现,最终能促进组织的发展。

我关注到一种工作会议的方式,是沃尔玛创造并应用的,称为联合工作会(joint practice session,JPS)。JPS 最初是由山姆·沃尔顿发明的,并在沃尔玛得到了应用及发展。之后被乔布斯在苹果公司奉为经典,后来又为艾伦·穆拉利(Alan Mulally)所用,带领福特汽车成功走出困境。拉姆·查兰认为在打造组织灵活性方面,JPS 是他见过的最有效的工具。

山姆·沃尔顿驾驭企业的法宝就是 JPS。他会把公司的核心高管,包括店长和采购、物流及营销等主要职能负责人,聚集一堂,共同探讨如何在日常工作中践行公司的宗旨:天天平价。

与会人员聚焦在以下几个问题：哪些商品顾客想要，但我们没有？哪些商品我们有，但销路不畅？与竞争对手相比，我们的价格水平如何？为此与会人员会定期寻访竞争对手的门店，随时掌握第一手信息。此外，还有多少顾客空手而归？在我看来，这个会议的核心是让每一个目标能够成为所有与会人员共同讨论和界定行动的标准，以确保人们行动之间的一致性和协同性。

我参加过很多公司的经营分析会或者工作会议，每次参加会议就会让我有冲动去改造它们。大部分中国公司的每周例会及每月经营分析会其实都是下属对上级的汇报，几乎没有团队协作的成分。不仅枯燥无味，而且费时费力，这些会议甚至让人心生不满，也让人采取应付了事的态度。经营分析会重点关注的是当期预算完成情况，人们总是习惯汇报指标，然后做原因分析。没有完成指标的人，会觉得没有面子，完成指标的会兴高采烈。但是通常在这样的会上，人们并没有真正解决问题，相反，仅仅是信息通报而已，大家既没有学习到技能和优秀做法，也没有得到相应的指点；而上级也只是就事论事，把自己的观点表达出来而已，对下属的士气、业务重点以及彼此协作关心甚少。结果就是，会议上都是一些程序性的表述，甚至有些经理人把准备材料的工作交给下属或者秘书来做，根本就没有认真思考，也就不可能整理出属于自己的思路和解决方案。

如果仔细分析如此开会的原因，就是人们并没有用一致的目标来衡量工作成效，也没有对各自所承担的目标做出承诺，因此也就无法达成一致，并让参加会议的人有所收获，结果这样的情况成了恶性循环。

我也在调整所在公司的月度会议和工作会议，希望引用JPS来调整大家的会议习惯，并希望改变会议的形式以取得效果。JPS会议与大家习惯的会议的不同之处，就是在于能够让目标来界定行为,每一次会议就是一场比赛,每位参会的成员都是运动员,都在时刻响应客户需求,承诺实现目标的要求,随时调整自己。在会议上,大家要能够当场做出决策,及时解决冲突,这样才可以使整家公司变得非常灵活、非常高效。比如,公司推进"福达计划",一个关于养殖效率提升的计划,当发现需要提升养殖户的经营能力时,经营管理部的负责人就会主动请缨,确保安排专职人员负责这个问题的解决。这样的会议机制能让每个人都能着眼于外,以客户需求及市场竞争为出发点;还能让每个人都能从全局出发,着眼于企业整体利益,有效打破条块分割的部门隔阂。尽管大家仍然各司其职,但协同作战的习惯已经成为"福达计划"的文化。市场技术部、经营管理部、技术部以及区域单元的协同,成果自然水到渠成。因为策略对路,新希望六和在养殖户技术服务部分,在同行业中一直处于领先地位。

（https://yd.baidu.com/view/cocazac69a89680203d8ce2 f0066f5335a816725? cn ＝5:60,5-78,2017-01-08）

第六节　打造一个学习型的组织

2016 年,李董事长在世邦集团通讯中对由我主持的中国大陆地区事业处培训中心这两年的工作给予了表扬和肯定,让我觉得这多年来付出的汗水和执着非常有价值。

但公司的日常培训仅仅依靠每月一次的视频统一培训是远远不够的,作为分公司的经理一定要:

（1）激发同事学习的热情,以身作则养成热爱阅读、勤于写作的好习惯;

（2）针对工作中出现的失误和有意义的经验要马上组织案例学习，让同事从中吸取经验教训，做到"不二过"，既提高员工素质又为公司降低风险。我一再重申："人脑不是电脑"，现代的商业环境过于复杂，不可能有零失误的情况，无心之过总会有，主管应培训员工使其减少失误，并提高他们解决问题、处理客户投诉、获得更高客户满意度的能力。

（3）要善于利用互联网，引导同事们在业余时间碎片化学习，并把各自认为有价值的短文、知识、理念、新闻等内容（一定要正面的，不要八卦或者垃圾信息）发送给同事，与他们分享，扩大大家的知识面并及时掌握行业动态，比如大家热议的韩进海运破产事件等；

（4）各站负责培训的人事专员或经理，要把一些有关行业常识的短视频做成微课件，5～15分钟一集，收集成专辑，利用业余或周末时间组织同事观看。比如集团35周年的宣传片、厦门最近在操作的COWIN钢卷专用柜现场操作视频、大件物流现场操作视频或厦门码头集团的宣传视频等，这样不需要人人到现场，就可以如临现场般地了解现场操作的流程和模式，理论结合实际，对同人掌握行业基础知识、胸有成竹地应对客户的询问、取得客户信任、顺利争取业务一定很有帮助。

我在前文中一再强调：成人学习是快乐的，大家可以碎片式地针对自己工作中遇到的困难、自身发展的计划，有选择地寻找相应的书籍、课程来学习；这样的学习有的放矢，对工作马上有提升的作用，何乐不为呢？

我们现在已进入一个知识大爆炸的快速发展时代，美国科学家詹姆斯·马丁的研究结果表明，人类的知识在21世纪，每三年翻一番。这意味着学历是死的，只有与时俱进终身学习才能跟上时代的脚步，否则个人就会被替代或淘汰，团队则会失去竞争力,最终走向失败。世界著名未来学家阿尔文·托夫勒说:"未来的文盲不再是目不识丁的人,而是没有学会怎样学习的人。"

在团队内营造学习氛围,要做好三件事:

第一是,调动员工学习的积极性。职场人不爱学习和培训,主要原因在于内在的动力不足,认为学习和培训无法解决自己现在面临的问题,所以,首先要让员工明白学习能够解决他们的什么问题和困难,只有这样才能激发员工学习的内在动力,提高员工学习的主动性。其次,团队领导要加强外在的引导力来促使员工在工作之余还愿意积极学习。外在引导力包括领导的重视、同事之间的口碑效应、学习的趣味性等;方式有学习成果分享会、游戏、团建等。

第二,团队领导做好榜样,以空杯的心态,积极学习,吸收知识,这样才能上行下效,带动员工学习。

第三,从制度上向爱学习的员工倾斜,把晋升、调薪与员工的培训学习挂钩。

常用的团队学习形式有:小组学习(兴趣小组和专项学习小组);专享学习会(案例分析);共创学习(共同改进或解决一个问题、优化某个工作流程等);参观学习(此方法重点在于参观之后如何去做,要组织员工进行反思,深入讨论分析,然后结合自身的工作,提出改进的方法,领导要进行跟踪、督导和指导);比赛学习(设擂台进行挑战赛)等。

向大家推荐提高学习效率的"费曼学习法",它分为四步:第一步,选择一个主题,开始阅读与它有关的、尽可能多的资料(建议阅读至少五本相关题材的书籍),并做好笔记。第二步,想象你在教室里向学生解释这个主题,尽量用简单的词汇去描述它,力求学生能听懂。第三步,当你讲解不下去或者讲不清楚时,要回头阅读资料,弄清楚后再继续讲解。第四步,回到第一步,试图用更加简洁、直白的语言去讲述你所学习的主题。完成这四步就算真正吃透了所学习的主内容了。

使用"费曼学习法"要掌握几个要点:第一,一定要让学员记笔记;第二,一定要讲出来或写出来,而且要求学员用自己的语言讲,不能照本宣科;第三,一定要简单直白。

职场中,让大家用一整段时间来学习是奢望,所以要鼓励员工用碎片化的时间来学习。碎片化学习有两层基本含义:一层是碎片化的时间,另一层是碎片化的学习内容。碎片化学习的特点有三个:一是灵活度更高;二是针对性更高;三是吸收率更高。

那如何制订碎片化学习方案呢?首先要设定一个目标;其次构建一个知识体系;最后进行及时累积,看到对目标有用的信息,要及时消化,归入系统,进行累积,不要只是收藏。

企业在建设学习型组织的过程中可以参照管理大师彼得·圣吉在其著作《第五项修炼》中提出的构建学习型组织的"圣吉"模型,即自我超越、改善心智模式、建立共同愿景、团体学习、系统思考。

首先要让员工通过不断追求进步,形成学习精神来实现"自我超越"。一是建立个人愿景。二是保持创造性张力。愿景与现实有一定的差距,而创造性张力就是缩小这种差距的力量,推动人们向着愿景靠近。三是看清结构性冲突,人都有一些固有成见,阻止人们向愿景靠近,要通过自我激励,增强意志力,弱化冲突,达成愿景。四是真诚地面对真相。五是运用潜意识。

团体学习要注意三个方面:一是在学习复杂问题时,要革除团队中一些强大的抵消和磨损力量;二是需要既具有创新性又协调一致的行动;三是不可忽视团体成员在其他团体中所扮演的角色与影响。

"建立共同愿景"是为了促使成员对团体做出长期承诺。"改善心智模式"是专注于用开放的方式反思认知方面的缺点失误。"团体学习"是发挥团体力量,使之超乎个人力量的综合技术。"自我超越"则是不断反照个人对周围影响的一面镜子,缺少自我超越的修炼,人们将陷入"压力-反应"式被动困境。

总之,在"圣吉模型"中,"改善心智模式"和"团体学习"这两项修炼是基础;"自我超越"和"建立共同愿景"这两项修炼是向上的张力;"系统思考"的修炼则是核心,好比是火箭的发动机。企业在创建学习型组织时要防止三种倾向:一是速效化,把"圣吉模型"当作速效救心丸,想一学就灵,药到病除;二是运动化,把学习型组织创建搞成一场运动,雷声大雨点小。三是表面化,方式方法不对,反而使学习成为一种负担,员工产生抵触情绪。

学习型组织的构建是一个持续完善、提升的漫长过程,不可能在短期内完成。要做好学习型组织的构建工作应注意以下四点:第一,要定期组织学习;第二对坚持学习或者学习效果好的员工要及时表扬;第三,领导者要做好榜样,带动员工参加团队学习;第四,要用制度和纪律约束员工,强制要求他们参加团队学习。

◎ 延伸阅读

《不可不知的组织学习新趋势》(李海燕,载《中外管理》2016 年第 7 期)

§ 第四章 §

如何成为部属愿意追随的主管

第一节　优秀员工如何成为合格主管并帮助部属成功

　　这里继续和大家分享前思科中国区总裁林正刚先生所著《创能量》的一个章节：一个业务精英如何成为一名合格的管理者并帮助部属成功。

　　众所周知，一名优秀的员工如果不经过充分的培训、没有为员工服务的理念、没有团队至上的精神，那他（她）是不可能成为一名优秀主管的，这个时候，组织提拔这位优秀员工等于拔苗助长，弊大于利！

　　对此，主管要意识到管理是通过他人之力，将事情一一完成。你的价值有多少，并非取决于你做了些什么，而是取决于你的部署做了些什么。个人的业绩不再是体现你成功与否的重要标志，考核你是否是一名优秀的主管关键要看：一是你的部门在你的带领下有没有一天天在进步（简单一点，有没有比前任做得好）；二是你的部属在你的部门有没有获得幸福感、荣誉感、成就感和归属感。

　　经理人的职责就是通过环境管理和目标管理营造一个团结、互信、互敬、温馨、舒适的工作环境，让员工维持积极快乐的工作状态，以澎湃的动力全身心地投入工作。

　　职场中有一个常见的现象：随着企业的稳步发展，人手会越来越紧张,有时外部招聘来不及,就内部调配,各部门主管对优秀员工你争我夺,对于一些表现平平的员工却避之唯恐不及,甚至有人抱怨上级领导把不合格的员工归到他们的部门。

这个观念是非常错误的,一个团队只有不合格的领导,没有不合格的员工,当你在抱怨员工能力不行、素质不佳的时候,请先扪心自问你自己做得怎样? 如果认为自己做得不错,那请问你放下成见和身段,好好培养、训练你的员工,帮助他们成长了吗? 公司把一个站点或部门交给你,你就要负起完全的责任,难道当你的部门出现问题、失误而没有达成任务的时候都是部属无能唯你杰出吗?

请记住:(1)员工的潜能是无限的,作为管理者要以挖掘这些潜力为己任。(2)给部属机会是最容易做也是最应该做的事。(3)看部属多用欣赏的眼光,看他们的优点然后对其加以使用,而不要盯着他们的缺点不放。帮员工扬长避短,把员工放在发挥他们长处的岗位上是主管和组织的责任。(4)你想成功晋升首先要让你的部属成功。

没有卓越的下级就没有卓越的领导,世界管理大师彼得·德鲁克指出:卓有成效是管理者知道只抓住员工的缺点和短处是干不成任何的事的,充分发挥人的长处,才是组织存在的唯一目的。

◉ 延伸阅读

《管理责任:权力 VS 员工成功》(林正刚:《创能力》,浙江人民出版社 2015 年版)

第二节　如何领导"90后"及培养他们的归属感

进入新世纪，"90后""00后"的员工陆续进入职场，"Z时代"（1997年之后出生）的员工特点很明显，他们富有个性、追求自由、享受自我成就感、善于接受新鲜事物、挑战权威但又崇拜偶像、喜欢被尊重不喜欢被监控等。全球最大的调查机构盖洛普公司的研究结果表明，"Z时代"群体具有以下六大特征：不仅仅是为了薪水而工作，他们想要有意义的工作；不再追求工作的满意度，而是职业发展；不想要一个老板，而是要一个教练；不想要年度评估而想要持续对话；不想要经理关注他们的缺点，而是关注他们的优势；不是找一份工作，而是一种生活方式。针对这些特点，我跟公司主管们一再提到，要领导这些"90后"的同事也很容易，就是成为他们事业上的偶像，让他们信服你跟随你，然后你再释放领袖的魅力，用教练式的领导风格，鼓励他们参与管理甚至自我管理，你只需施加影响力而非通过管理去帮助他们实现人生目标和理想。

近期本人拜读了美国管理咨询大师罗伯特·迪尔茨所著的《归属感》，这位大师用一句简单明了的话阐述了领导力的定义：创造一个员工想要归属其中的组织的能力（Creating a world to which people want to belong），作者根据多年研究详细介绍了领导和管理者需要具备的技巧。

最近和世邦集团阮副董也在讨论这个话题，副董给我的指导是：现在企业要多一点领导，少一点管理；信任和真诚将是最佳领导力。在日常工作中，主管们应用欣赏的眼光多关注"90

后""00后"的优点,当他们表现优异的时候要及时给予表扬和肯定;要知道,受到肯定和获得成就、荣誉,是激励员工使其获得归属感的两种最有效的方法。那么,主管要怎样肯定和表扬员工呢?

(1)要提出正面的建议,谈成功率而不谈失败率;

(2)要明确地指出受称赞的行为;

(3)部属有所成就后,立即给予肯定;

(4)赞美要包含这项行为对公司的整体效益;

(5)与公司惯常的做法相符。

请记住表扬和肯定的原则——明确、具体、及时、真诚。希望主管们着重培养这种能力!

当然作为主管,我们也不能当老好人,在员工犯错的时候要敢于直面错误,教育训练员工。那什么时候是纠正员工的最佳时机以及要采取怎样的方式方法呢?

纠正员工的最佳时机并不是员工刚犯错误的时候,那时的批评会让员工感觉领导是针对他而反弹。领导应选择员工已经为错误行为感到愧疚时再提出来,此时就能让员工愉快地接受提醒,并能改正错误。

有一种批评员工的有效方法——"三明治法",可供新主管参考,即先对员工以往的工作进行肯定(面包),然后指出他犯的错误或存在的问题(肉),最后提出改进方案,用鼓励、希望、信任和支持(面包)来结束谈话。这种批评法不仅不会挫伤受批评者的自尊心和积极性,而且还会愉快地接受批评并改正自己的不足之处。

此时,主管要遵循的原则是:温和地指出你不满意的地方,注意保持沟通的顺畅,不要情绪对立;对事不对人,提出整改方案;真诚地表达对其工作的认可,对其成长的期待,避免背后批评;用鼓励来结束批评,指明员工改正错误后对工作的贡献以及对团队的重要意义。

👁 延伸阅读

《不懂这些技巧，你就别说自己是好领导》（罗伯特·迪尔茨著：《归属感》，北方妇女儿童出版社 2015 年版）

第三节　如何当好主管

这几年，由于劳动力成本的上升以及国际贸易的不景气，货代物流行业普遍面临严峻的经营压力，这个行业中的企业普遍遇到了人员流失率过高，不容易找到优秀的、稳定的员工的问题。

在这种情况下，如果一个主管只会用涨薪去留住要离职的员工恐怕是很辛苦的，个中缘由就像香港 HIT 码头工人罢工一个多月，资方却一直没有妥协，因为这个先例一开，后续的多米诺骨牌效应就会呈现出来而让资方穷于应付。

主管要懂得平时对员工嘘寒问暖，为他们遮风挡雨，危急时刻挺身而上、成为靠山。要让员工跟着你看得到未来；跟着你，他们的物质、精神两方面的需求都能得到满足。如果做到这两点，相信没有员工会离开这么好的主管！

最近，我看了盖洛普管理丛书之一《首先，打破一切常规》（*First, Break All the Rules*），书中有一个很尖锐的观点，即为什么员工慕名加入我们公司，但进来后有一些会大失所望进而离开公司呢？

经过盖洛普的调研发现，员工加入公司，他们能待多久、在岗位能否敬业、能不能贡献他们的天赋才干为公司创造业绩，跟企业的老板和最高层其实没有太大关系,主要取决于一线经理是否优秀和有担当! 所谓的"加入公司、离开经理"就是这个道理。

一个企业的企业文化再优秀,如果它的一线主管没有很好地加以传承,反而骄横跋扈、损公利己、不负责任,那么再优秀的企业也留不住优秀的人才。

以下几点,是我在做此专题培训,与听众互动时受训者提出的一些令人深恶痛绝的上级主管的缺点:

(1)逃避责任、没有担当;

(2)不务正业、夸夸其谈;

(3)骄横跋扈、独裁、固执、听不进别人的意见或建议;

(4)不近人情、刻板;

(5)言而无信、不守承诺;

(6)安于现状、碌碌无为、不思上进;

(7)任人唯亲、赏罚不明;

(8)心胸狭窄、锱铢必较。

同时这本书,也给了我三个方面的深刻启迪:

首先,盖洛普(一家世界知名的管理咨询公司)认为人的一生有三种才能:技能、知识和天赋才干。技能和知识可以通过后天的学习和培训加以提高,但天赋才干却是天生的,无法学习的。所以优秀经理人的基本职责就是要知人善用,把员工的天赋才干转变成公司的业绩,而不是试图改变员工性格上的欠缺去制造完人。

这也是一则寓言昭示的用人之道:不要把鸭子赶到老鹰学校! 把鸭子赶到老鹰学校只能累死鸭子,同时也让老鹰灰心!

所以只要员工的性格欠缺并没有给团队造成困扰或成为团队的障碍,那就宽容一点;但一旦这种欠缺成为缺点而导致工作表现不佳时,经理人就要用以下三种方法帮助员工取得成功:第一,发明一种支持系统来克服员工的缺点;第二,找一个互补的工作伙伴;第三,前面两种方法都无效就换一个职位。

其次,我们在管理上经常有个误区,就是忽视表现优秀的人,而把太多的时间和精力放在辅导后进上。其实这样做是在释放一种错误的信息:你表现得越好,从领导这边得到的关注和时间越少,这会大大伤害那些表现优秀的员工的心!

盖洛普建议我们:关注你的明星员工,花更多的时间和他们在一起,以激发他们的荣誉感和自豪感,从而去为企业创造更多的业绩,但前提是公平、公正、公开!

最后,优秀的经理人知道怎样发现和寻找正确有效的激励方式,让公司的奖励和肯定能真正打动员工的心,真正起到奖励先进激励后进的作用。

如果你一时想不出比金钱更能激励员工的方式,建议不如开诚布公地询问你的部属,他们一定会给你准确的答案。

● 延伸阅读

如何让下属愿意跟随你?

张顾严

很多管理者对于如何提升自己在团队中的影响能力方面非常在意,问得最多的就是如何去影响下属,如何让下属愿意跟随自己,为团队或者企业尽心尽力。的确,一个领导对下属的影响力,决定了团队的战斗力和凝聚力。

那么如何让下属心甘情愿地跟随领导?从以下四个方面给大家讲述。

第一，设定目标。很多人说，目标每个企业都有。问题是企业的目标和个人有什么关系？很多企业的目标宏伟高尚，但是下属却提不起精神。为何？你再好与我没关系。我为什么会跟随你？举个简单例子。假设你是位女生，甲和乙都向你求婚。甲说："我有200万元存款，100万元的房子，30万元的汽车，我一年收入50万元，你跟我吧。"而乙则说："我有100万元存款，但是只要你跟我结婚，钱都归你管；我只有20万元的车，但是车给你用；虽然房子不大，但是只要你跟了我，产权证一定加上你的名字；虽然一年收入只有30万元，但是我会努力的。不仅对你感情专一，更要让你生活越来越幸福。"各位，你会选择谁？很多朋友几乎无一例外地选择乙，为何？甲虽然很好，但是女生跟了乙，她会有好处，也就是乙好她就好。

所以，各位领导者，如果你希望下属跟随你，要注意的是以后的任何目标不要自顾自说，而是要把企业目标和下属结合，下属的主动性自不必说！

第二，换位思考。如果你是下属，当老板告诉你开会不能开手机时，老板的手机却铃声大作，你会做何感受？给大家个例子。甘地被称为印度"圣雄"。一次，一个妇女带着孩子来找甘地，说，孩子很喜欢吃糖，家长说他不听，他只听甘地的，所以就走了很远的路过来，希望甘地教化他的儿子。甘地听完后说，一周之后来找我。一周之后，当妇女带着孩子来到的时候，甘地摸了摸孩子的额头说，不要吃糖，吃糖对牙齿不好。然后示意妇女可以了。妇女很生气，既然这么简单一句话，为何还要等一周再来。甘地轻声说道，因为一周之前，我也在吃糖。

作为一个领导者，哪怕你的权利再大，如果不能以身作则，要期望得到下属长期的跟随和认同，是不可能的。所以提醒各位，下属不听你说什么，而是看你怎么做。如果希望下属能上行下效,那就严于律己,才能其身正,不令而行。

第三,情绪管控。非常多的领导者不懂得情绪管控。一次调查得出,领导者的情绪会直接影响下属情绪。而几乎所有的下属,都不喜欢跟一个喜怒无常的领导共事。因为捉摸不透的情绪,总是让自己在工作时战战兢兢。而我们发现,一个被下属认可和跟随的领导,绝大部分时候,都是个懂得控制情绪的人。所以,作为一个期望提升个人影响力的领导,适当控制自己情绪,知道什么时候该用什么情绪,才能更好地影响下属的行为。

第四,不要随意插手下属正在做的事。许多领导对于工作的态度是,我厉害,我来做。殊不知,一个处处抢着做事的领导,一定会造就一批无能的下属。而对于一个有上进心的下属,没有自己独立完成工作的机会,实际上是一种失败的表现。作为领导者,懂得适时适量地授权下属做事也是一种很好的影响方式。

作为一个领导者,如何让下属跟随你其实并不难。换位思考,站在下属角度看看。如果你是下属,你就会知道什么样的领导是你特别想跟随的。领导者必须修炼自己的影响力,让下属愿意跟随你。记住一点,团队效率永远大于领导个人。同时,一个发自内心跟随你的下属,会主动积极地为团队创造更多更大的效益。

(http://www.docin.com/p-1574431130.html,2014-03-24)

世邦集运(厦门)有限公司员工问卷调查

1.你知道公司对你的工作要求吗?

2.公司是否提供给你做好工作所需要的材料和设备?

3.在工作中,你每天都有机会做自己最擅长的事吗?

4.在过去的七天里,你是否曾因工作出色而受到表扬?

5.你觉得你的主管或同事关心你的个人情况吗?

6.公司或部门有人鼓励你的发展吗?

7.在工作中,你觉得你的意见受到重视吗?

8.公司的使命/目标使你觉得你的工作重要吗?

9.你的同事致力于高质量的工作吗?

10.你在工作单位有一个最要好的朋友吗?

11.在过去六个月内,公司有任何主管与你谈及你的进步吗?你希望主管多长时间能和你交流沟通一次?

12.过去一年里,你在工作中有机会学习和成长吗?

13.你在公司的职业生涯规划/目标是什么?

14.你希望得到什么样的奖励方式(书面、口头)?

15.你对公司发送给员工的生日礼物、优秀员工奖励等礼品有什么建议?

16.你对公司任何的意见和建议。

填写人:

日期

第四节　树立正确的大局观

公司的中层管理者在企业内部起着承上启下的桥梁作用、上传下达的纽带作用,要非常清晰地了解公司的发展战略、中长期目标,理解上级的领导风格和做事方法,以超强的执行力不折不扣地超额完成上级交付的任务并与之形成默契,成为上级的贴心助手和放心的托付者;同时,又要成为自己团队的领头羊、部属信任的被追随者,以身作则带领团队去实现组织的目标,进而帮助员工进步成功。这是纵向关系,对于大部分的中层管理者而言还是比较容易理解并做到的。

在企业中,经常出现尖锐矛盾且难以平衡的关系是部门间的横向交流和协调,各部门主管出于各自团队利益,经常用"本位主义"来思考和决定自己的行动,导致一个庞大的集团形同散沙,难以形成合力去和外界竞争,久而久之就会出现所谓的"山头主义"或诸侯割据的不良状况,这些弊端的根源就在于中层管理者缺乏从大局出发的主人翁精神,对一个集团化企业来说是非常不利而有害的。

一个优秀的职业经理人要追求进步和提升,一定要跳出自己的一亩三分地,从公司的大局出发,站在比自己高一级的位置思考问题。部门主管一定要站在分公司经理的位置,分公司经理一定要站在区域总经理的位置,区域总经理一定要站在事业处执行长的位置思考问题,以此类推……这时候,你就会豁然开朗,发现原来对上级的想法及思路一直百思不解,现在这些问题都迎刃而解了。而且站在高一级的位置去思考问题,除了让你学会像上级一样去处理问题,还倒逼你用高一级主管的标准来要求自己,努力提高自己的各项素质以胜任高一级岗位的工作,等机会真的来临,你就是老板心目中的最佳人选!

下面我再和大家强调一下一名优秀职业经理人必备的基本素质和标准:

(1)一名优秀职业经理人成功的关键不是看他自己多厉害,而是看他的团队有多成功;

(2)衡量一名职业经理人是否合格要看团队在他的带领下有没有比以前更进步更出色;

（3）优秀的经理人要懂得广揽贤才，能把每个团队成员培养得比自己出色，使其在自己不在现场的情况下也能高效有序地工作并超额完成组织目标；

（4）优秀的经理人要无私贡献自己的聪明才智和所有资源，为企业创造最大利益并带领团队成员走向成功；

（5）优秀的经理人要有大局观以及"牺牲小我成就大我"的奉献精神。

（6）优秀的经理人要懂得感恩和分享，要保证员工的福利和福祉，一定要记住"财散人聚、财聚人散"！

（7）一个优秀的职业经理人一定要拥有奥运选手的竞技精神，成为献身工作的痴狂者。

◉ 延伸阅读

经理要有大局观

宋新宇

在企业里经常发生的一幕，那就是岗位职责定义不清加上沟通不畅，让本来可以做好的事情没有做好，而部门之间相互推卸责任，让公司的氛围从相互信任变成了相互不信任。这里面老总自然负有主要责任，没有把事情理清楚，也没有把相关部门的责任和权限界定清楚，以至于公司里出现了没有人管的地带，影响了业务。

但业务部门和支持部门经理对不好的结果就没有责任了吗？他们"坐等老板明示"的态度就是正确的吗？显然不是。如果业务部门或者支持部门的经理看到问题后能够及时相互沟通,也许他们自己就能把问题解决了。即便退一步,如果两个部门的沟通达不成一致,两个部门把问题升级到老总那里,三方一起也一定能找出一个解决办法。

为什么很多管理者在实际工作中不走上文提到的这显而易见的两步把问题解决掉,而是坐等上级的指示? 我认为是很多经理还没有学会经理应有的大局观。大局观是什么? 就是跳出自己的部门,跳出自己的部门利益,站在公司整体的角度考虑问题。经理可以不是总经理,但一定要能以总经理的方式思考,那就是从全局,从公司,从解决问题的角度,而不是从局部,从部门,分段考虑。只有这样,问题才能得到合理的解决。

为公司解决问题,而不是固守自己的岗位才是一个经理的真正责任。每个人都有自己的岗位。在快速发展的企业,岗位设置通常是不清楚并且经常变动的。在这个过程中老总不是万能的,经理不能等待他洞察一切后再发起改变。经理不应该等待老板发问,而应该主动行动。一个经理仅仅在确定的岗位职责上做到位是不够的,他应该在需要的地方补位,甚至有时越位,帮助老总把事情做成,把问题解决。如果老总授权不够,他应该要权;如果对解决问题有帮助,他可以在知会老总的前提下越权。

这样的人,才是有全局观的人。这样的人,才是积极主动的人。这样的人,才是有行动力的人。这样的人,才是未来能为公司挑大梁的人。

(世界经理人. http://blog.ceconline bbs.com/BLOG-ARTICLE-101625.1+TM,2012-02-08)

第五节 主管培养团队及轮调的重要性

李董事长一再强调世邦集团经营理念中"世代传承"的精髓,以及为了实现这一梦想,集团中高阶主管轮调的重要性。

在此,我再次和大家分享我对此的感悟和心得。

首先,职业经理人的责任是帮助企业完成它的愿景和目标,所以一个称职的职业经理人一定要了解本企业的文化、理念、愿景、使命等,知道自己需要做什么(包括动用自己的一切资源)来帮助企业实现既定的目标,将自己的团队带好,帮助自己的老板成功!

其次,要建立一支拥有共同愿景和目标,愿意为之协同努力的充满激情的团队。记住领导是责任不是权力,公司赋予你权力是为了方便你更好地工作而不是满足你的虚荣心,你的主要任务就是要以身作则确保完成公司的目标、帮助员工成功,而不是先考虑自己的利益和得失。

再次,职业经理人要警惕"职业倦怠期",要敢于跳出自己的舒适圈去迎接新的挑战。虽然舒适圈会让人没有压力和风险,感到舒服、放松、稳定、安全,让人产生掌控感,但它会产生极大的负面影响,让人不思进取故步自封。所以,为了避免陷入舒适圈,要尝试每天做不同的事情,每天学习一点新东西,争取每天比昨天进步一点,以此保持开拓进取、拼搏奋斗的良好状态和精神面貌。

最后,忠诚永远是一个职业经理人最基本的职业准则。职业经理人应该服从命令听指挥,在与上级充分交流沟通的基础上，服从上级从集团高度对个人的工作调动和安排，并在任何岗位上都能做出卓越的贡献！

我们提倡在企业内建立奉献的组织关系，建立"绝不让雷锋吃亏"的文化准则，激励和宣扬组织成功而不是个人成功，培养注重团队或组队的荣誉的氛围。具体表现在：每个处于流程上的人更关心能为下一道工序做什么样的贡献；每个部门都关心自己如何调整才能够与其他部门有和谐的接口；下级会关注自己怎么样配合才能够为上级提供支持，而上级会要求自己为下级解决问题并提供帮助。

◉ 延伸阅读

轮调制度

世邦集团李健发董事长

"50后"的高阶主管，带领着"70后""80后"的各级主管跟基层的"90后"同人一起打拼，是很多企业的写照，世邦也不例外。面对不同世代的成长环境和经验，世代差异一定会存在，重点是如何调整心态，面对和理解不同世代的价值观，用有效的沟通方法，做好教练式的领导，才能打造出跨世代的优质团队。

在一个健康的组织里，每一个成员的第一要事是：主动关心别人的需求；而主管总是把组织的需求放在自己部门的前面。上级驱动和赋能下级，下级向上级提交组织想要的成果。

六七年前为了融合跨世代不同的经营思维，提升公司整体运作效率和竞争力，本人毅然决然将"集团物流事业群"交由年轻世代来领导,运作至今,已日趋成熟,尤其在各项决策制定方面,已能掌握决策方向和质量,充分展现出年轻一代的智慧和能力,颇感欣慰！在此,我必须强调年轻一代接棒固然可喜,但建立让人力流通顺畅的活性化工作环境更为重要。个人认为,最好的泉水,一定引自源源不断的活水,而非一潭死水,人才唯有活性化,才能创造出财富的环境。

谈到"人力流通",本人极力倡导的"轮调制度"正属于这一个环节。"轮调"是企业培养领导人的重要方式,可以扩大轮调者的见识和能力,为企业带来兴利和除弊的好处,并且可以培养未来的领导接班梯队,尤其是中、高阶主管必须经过轮调的历练,才能被赋予重任且游刃有余。

个人深信,轮调有助于老店新开,可以打破主管的本位主义,为组织带来新的创意,毕竟一个人在同样位置待久了,会出现行动惯性,把不合理的事情都视为理所当然。尽管人员轮调对企业来说有其必要,但的确也存在着相当风险,这就是集团重要主管轮调太少的原因,必须考虑到轮调者的专长、职务、职位及个人因素。如何在安定及不影响业绩的状况下实施轮调?那就是我常说的"要把人摆在对的位置上",让每位同人都能适得其所,发挥所长,才能相得益彰。

第六节　激励员工不用钱

从 2008 年开始,由于世界经济危机的爆发,特别是 2020年在全球范围暴发的新冠肺炎疫情,全球经济进一步恶化,中国的经济形势,特别是出口贸易一直处于下滑态势,出口货量急剧下降,但货代企业由于进入门槛低却越开越多,货代物流业的竞争趋于白热化,整个业界处于一片红海之中。

与此同时,由于国内的通货膨胀、物价上涨,员工的薪资虽然一路上扬,近几年已翻倍上涨,但还是无法满足基层员工生活、工作的最低需求,时常还是会听到员工抱怨工资不够用的声音。

鉴于以上几个原因,我们的经营环境极为恶劣,如果不加倍努力,积极开源节流,创造比以往更好的业绩,那么,就会出现员工流失、企业获利下降甚至亏损的局面。

但真的顶住经营亏损的压力,先满足员工的要求,给员工涨薪调高福利,就能留住员工吗?

根据专家学者的研究和实践经验,薪资,五险一金,午餐、误餐补贴等福利是"保健"因素,它只能起到降低不满的作用,不是激励员工的主要因素。管理大师德鲁克说:"物质奖励的大幅增加虽然可以获得一定的激励效果,但付出的代价实在太大,以致超过了激励所带来的回报。"事实证明,高薪并不能买到人才的忠诚和对事业有所成就的渴求,而且随着时间的推移和报酬的提高,提薪所带来的激励效应就会逐渐衰退直至消失。另外,"保健"因素的最大特点是只能升不能降,更不能取消,否则会导致员工的强烈不满甚至离职。

同时专家研究发现,尊重、赞美、荣誉、情感、沟通、参与、兴趣、危机、竞争、培训、提升、愿景等非经济手段的激励因素能带给员工强大的行动力,使用这些激励方法,管理者将不用再考虑激励成本,激励效果却能大大提高且持久。

我建议各位主管激励员工要在以下三个方面多下功夫:首先要给自己和团队设立合理的、可行的、明确的目标(一定是要有激励性质的、具有挑战性的目标),目标可以由下属先提出,然后你跟他沟通和修正，最终确定下来，这样你和你的团队就有了共同的、明确的前进方向和奋斗动力了。

其次，要做好领导者、管理者的模范表率作用。领导者必须以身作则，将自己的能力和涵养都修炼到一定的高度，才能够让员工在自己身上看到希望和寄托，才能让员工死心塌地地追随自己。我一再强调身教胜于言传、榜样的力量是无穷的！如果身为主管因为这方面或那方面的原因无法遵守公司规章制度，迟到早退，没有进取心，试问这样的领导能带出杰出的团队吗？员工能从你身上看到他们想要的未来吗？

最后，要简洁且准确地描绘集团、公司、团队美好的愿景，共同的愿望和梦想可以将大家紧密地结合在一起，使大家产生强大的使命感和奉献精神，推动大家顺利地完成任务、达成目标、拓展事业，并在此过程中实现自己的人生价值。

我在厦门世邦任职时提出的愿景是"把厦门世邦打造成厦门最好的货代公司！"注意：不是最大而是各方面都赢得荣誉和口碑的最好！

我敢问各位，你提出什么愿景给你的队员了吗？没有目标、没有愿景，员工来你这只是打一份工，赚一份养家糊口的薪水，当然要和你斤斤计较薪资、福利的多少了！你不能怪你的员工，认为现在的年轻人不理性、不讲道理！

我最近精读了人民邮电出版社出版、唐华山编著的《激励员工不用钱》一书，引发了以上感想，供各位主管体会，希望大家能将书中一些非物质方法应用到工作中去满足员工的心灵需要，让自己和员工充满激情、自动自发地工作。

请记住：比金钱更能激励员工的是公司和上级对自己的肯定、赞赏和重用，他们为此而获得的成就感和归属感比获得金钱的短暂喜悦要持久得多。其中，提携员工是让员工感受到组织肯定和重视的最佳手段。

◉ 延伸阅读

关注每一个人的梦想

轶名

如果你只会用涨薪去留住员工,那证明你的企业在人力资源管理方面的手段是苍白的,涨薪一千元带来的效果可能会被对手多涨的一百元轻易瓦解。而梦想管理就弥补了这样的苍白。

当然,梦想管理并不是闪电般地去实现梦想,关键在于过程。发现员工内心的梦想,这是寻找的过程,为他的梦想添柴助力,这是实现的过程,尽管我们可能会一直在路上。

关注也不仅仅存在于上级对下属,梦想管理计划的实施也会让员工以对待梦想的热忱和能量来对待工作,更加关注公司的经营状况,工作的活力与潜力会被充分挖掘出来。

诚然,梦想在很多时候都会和财力相关,所以有的企业采用了启动"梦想基金"的做法,公司里的每个人都有机会提取这笔基金用以成就梦想。为了把这笔钱早日扩充成为足够每个人去实现梦想的庞大基金,那么不用领导者操心,梦想会被自然分解,分解到每天的效益提升中,分解到部门与部门之间的合作中,分解到超出客户期待的优质服务上

然后要做的是,让员工的梦想公开化,这样,企业将在亲密而团结的氛围中向梦想前进。

(https://club.1688.com/threadview/35329122.html,2013-05-03)

§ 第五章 §

营销技巧

第一节 优秀业务员的素质

任何一家企业想要在行业立于不败之地，或想成就一番丰功伟业，一定要依靠一支强有力的销售团队去推广、宣传、销售自己企业的产品或服务，以赢得目标客户的认可，满足客户生理或心理的某种需求，从而实现企业的经营目标。所以业务员在企业中的作用是非常重要的：

（1）业务员实现企业营业收入；

（2）业务员代表企业与客户建立良好的关系；

（3）业务员促进产品/服务的研发；

（4）业务员是战胜竞争对手的排头兵。

航运货代物流业属于服务行业，更讲究全员营销。美国营销大师菲利普·科特勒在他的经典著作《市场营销》中说过：

成功的服务公司既把注意力集中在顾客身上也集中在职员身上，他们懂得服务利润链，把公司的利润和雇员及顾客的满意连在一起。这条链有 5 个关节点：

内部服务质量——高级职员的挑选和培训、高质量的工作环境；

对前线服务人员的大力支持，这些能够促成——

满意的和干劲十足的服务人员——更加满意、忠诚和刻苦工作的雇员;

这些能促成——

更大的服务价值——效力更大和效率更高的顾客价值创造和服务提供;

这能促成——

满意和忠诚的顾客——感到满意的顾客,他们保持忠诚,继续购买,并介绍其他的顾客;

这能促成——

强盛的服务利润和增长——优秀服务公司的表现。

既然营销工作在企业中这么重要,而且初出茅庐、刚步入社会的社会新鲜人也大多把从事营销工作当作自己职业的首选,那请你自查一下是否具备以下素质:

(1)较高的职业道德,洁身自好,热爱本职工作;

(2)让人信赖的自我形象,良好的沟通技巧和易于亲近的第一观感——亲和力;

(3)把握市场动态的敏锐洞察力;

(4)有关承运人的基本航线、运营情况、物流方面的基础知识较全面、扎实;

(5)善于察言观色,顺应客户需求,随时了解客户的真实意图;

(6)要有强烈的责任心和使命感;

(7)勇于接受挑战、接受磨炼;

(8)设立切实可行、有一定挑战性的目标,然后乐观、积极地坚持下去,不达目标誓不罢休;

(9)文明礼貌,虚怀若谷,终身学习。

如果你具备以上素质,恭喜你,你是一个有业务潜质的营销天才,可要好好把握哦! 我经常说,人在职业生涯中一定要在某个时间段从事销售工作,因为销售就是建立人与人之间的关系,把自己成功推销出去的课题。如果你是一名优秀的营销人员,那这辈子一定是衣食无忧! 只要掌握了正确的营销技巧,那么不管将来从事什么行业,只是在推介不同的产品或服务而已,只需用一定的时间熟悉自己的产品或服务之后,就可以做出非凡的成绩。

◉ 延伸阅读
　　1.陈彦宏的博客
　　2.《人人都是销售高手》(胡超著,电子工业出版社 2022 年版)

第二节　如何突破陌生拜访的门槛

　　从表面上看,从事销售行业的门槛较低,初出茅庐、缺少资金或没有任何背景又急于追求财富、实现梦想的年轻人往往选择投身销售这个职业,将其视为创造财富、实现梦想的起跑点。但是,销售在给这些人追求梦想,实现梦想机会的同时,也会让他们遇到种种困难。那些没有销售经验、没有专业知识、没有资金支持、没有人脉关系的社会"新鲜人",往往在开始从事销售工作的一段时期内会遇到很多困难,很少或根本拿不到订单。

　　可以说,做销售最难的就是突破陌生拜访的门槛,很多初出茅庐的"菜鸟"拜访客户,可能一到客户的门口就被保安、总台给拦住了,不得其门而入,备感挫折。其实这是做业务的常态,即使是业务精英也不是常胜将军,也经常被拒绝。一般一个初出茅庐的业务"菜鸟",他的业务成交率大概是1%~5%,一个成熟的老业务员也就10%,如果业务成交率达到20%以上就可以称作业务精英了。所以,当你在哀叹自己老是被拒绝、老是拿不到订单的时候,我请你先扪心自问一下,你拜访客户的基数达到什么数量?况且中国的航运货代业经过近四十年的迅速发展,目前已进入成熟期,加上这几年世界经济不景气导致进出口货量大幅减少,从业人员却急剧增加,竞争尤为激烈,如果不付出不亚于任何人的努力,怎么可能获得成功呢?

此外,你是否具备扎实的专业知识去赢得客户的信任?日本著名寿险销售大师原一平曾说过:"销售成功其实很简单,就是要最大限度地将自己和客户之间的陌生感消除掉。"在他看来,任何一个业务员和客户的关系都要经过从陌生到熟悉这样一个过程,陌生拜访做得越好,赢取订单的机会就越多,关键在于用专业的知识和贴心的服务赢得客户的信任并促成生意。

那如何建立与客户的信任关系呢?首先,一个优秀的销售人员要先熟识、相信、热爱自己所推销的产品或服务,热忱是助你成功的神奇力量,正所谓"己所不欲、勿施于人",你自己都不喜欢的产品或服务,怎么能劝说客户购买呢?其次,通过敏锐的观察和正确的判断,尽快找出你与客户共同感兴趣的话题,打动客户的内心,让客人把你视为己出、同道中人。

再次,优秀的销售人员要用专业、真诚和尊重打破客户"买家谨慎"的心墙,培养亲和力,改变客户的态度和"买的没有卖的精"的偏见,化"敌"为友。总之,我们在与客户见面伊始,要先培养正面且有交情的气象,给客户留下美好的印象,推销产品或服务的味道不要太浓。

再者,拜访客户的时候你应该保持良好的心态:你跟客户的地位是平等的,因为你是专业人士,你是来为客户解决问题的,客户拒绝你其实就是在对自己未来的快乐、财富、幸福说"不"。

最后,一名金牌销售人员会把客户的拒绝当作成交的机会,他会去思考客户拒绝的原因,然后想方设法解决这些问题来满足客户需求,进而成为客户的得力助手和可靠的合作伙伴。

那么客户在哪里呢?

(1)打电话黄页上的电话号码;

(2)扫楼;

(3)参加各种展会、商品交易会、投资洽谈会、论坛等;

(4)电视、报纸上的信息,特别是企业提单、发票、营业执照等文件的丢失启事(这表明这个企业还在进行经营活动);

(5)互联网、网上论坛、招聘启事、QQ群、微博、微信群等;

(6)商业联系:如台商协会、物流协会、货代协会、企业家联合会、各地商会等的名录,特别是各协会、商会组织的活动要积极参加,可以认识很多朋友和客户;

(7)指定货客户的开发;

(8)现有客户群的延伸,请客户介绍朋友、产业链上下游的合作伙伴、工业园区的邻居等;

(9)社会人脉关系,如同乡会、校友会、联谊会、社团、驴友、球友等;

(10)政府单位的资料,如海关、商检、边防、船代、商务局(厅)、发改委、国资委、统计局等部门公布的资料。

找到了这些客户后就可以准备打电话预约见面时间,或先打电话推销公司的服务或产品。

我一直和业务同人分享：由于受 2008 年开始的世界经济危机的影响，加上 2020 年暴发的新冠肺炎疫情，中国的进出口外贸形势一直处于低迷萧条阶段，身处国际贸易产业链一环的货代物流航运产业自然无法独善其身，竞争异常激烈，客户自己的处境已非常困难，每日备感煎熬，还要受这些陌生推销电话的骚扰，当然表现出不胜其烦的厌恶，肯定会找各种理由来搪塞甚至直接拒绝：

（1）没有时间；

（2）不需要你们的产品或服务；

（3）有长期合作的单位；

（4）对你们不了解；

（5）研究研究再决定要不要合作；

（6）请先把资料传真过来看看；

（7）需要时再打电话给你，你就不要过来了；

（8）不感兴趣。

作为一个有经验的业务员在面对客户拒绝的时候，首先：

（1）知己知彼，事先对客户进行一定的了解，确定对方是否是自己的潜在客户，对方的需求是什么，目前的业务存在什么困难；

（2）表明身份，让对方在最短的时间内知道你是谁，因为客户喜欢与有实力的公司合作；

（3）知道如何用敏感的话题来抓住客户的注意力；

（4）通过介绍产品或服务的利益点来引起客户的兴趣；

（5）尽量用"二选一"的方法争取与客户面谈；

（6）及时结束通话，并向客户致谢。

相信通过前期的充分准备，用敏感话题有技巧地抓住客户的注意力,客户一定会安排时间让你登门拜访作进一步深入交流。清华大学著名学者李稻葵先生在央视财经频道《开讲啦》中曾讲述他的一个好朋友如何突破陌生门槛顺利谋到理想的华尔街职位:

> 我想跟各位分享的,不是我个人的故事,但是是我一个非常好的朋友的一个故事。这位同学于 20 世纪 80 年代出国了,在波士顿上大学。他一早就想清楚了,他要搞金融。他本身是学外语的,他的学校并不是所谓的名校,他怎么能够进入金融这个圈子呢?每一个周末,他坐着公共汽车进城去波士顿。而美国的公共汽车,可不是北京、上海的五分钟一班呐,那是一小时一班!他需要背着干粮,背着面包,带着可乐,带着牛奶,一走走一天。去哪儿呢?去波士顿的金融街,那里面有很多基金公司的办公室,还有很多投资银行的分部的办公室。干吗呢?大厅里看着那个门板,记下来这些公司的负责人,名字是什么,部门是什么。干吗呢?找到公司的总部的这些总机,打电话过去:我要跟史密斯先生谈一谈,他是哪个哪个部门的。总机的接线员一听,这小伙子还挺靠谱,可能是一个业务伙伴,放进去吧。于是我们这位同学,就通过这种方式,跟华尔街在波士顿的分公司就接上头了。很快就去这家公司做实习生了,再过五六年,经过他自己的不懈努力,最后成了全球三大投资银行之一的亚太部的总管,现在已经下海自己创业,办了自己的私募股权基金。

希望这则故事对大家突破陌生客户门槛,达到约见客户的目的有所启发。西点军校培养真正优秀学生的十条秘籍之第五条就是"你必须打那个你不想打的电话"。有很多时候,我们不得不做一些我们非常不想做的事情,但只要这件事情从长远来看是有价值的,我们就必须去做,如果因为害怕或心理障碍而放弃,那不但没有解决问题,而且是在浪费时间和生命!

优秀的销售人员会给自己一个心理暗示:客户此时的拒绝并不是拒绝我这个人,更不是拒绝公司的产品或服务,只是暂时不需要而已,此时不需要并不代表永远不需要,所以我要保持与客户的联系,让他一有这个需求就想到我。

◉ 延伸阅读

《怎样约见客户》(林正刚. http://www.360doc.com/content/16/1201/09/3698855-610944313.sht)

第三节　如何好好地聊天

见客户之前我们要做好哪些准备工作呢?　具体如下:

(1)迎合客户观感的仪表:整齐、清洁、大方;

(2)妥善准备促销工具,如名片、公司简介、价格表、笔、纸、笔记本、精美小礼物;

(3)事先了解客户情况,包括其组织架构、企业文化及相关政策等,计划好客户可能提出的问题,预做演练;

(4)力争创造温暖愉快的第一印象,让客户想再次见到你。

见到客户后,以什么样的方式开场也有讲究,你可以:

(1)以提出客户感兴趣的问题开场;

(2)以赞美开场;

(3)以赠送礼物开场;

（4）以引证介绍人的意见开场；

（5）以展示、介绍产品开场。

接下来就是你与客户深入沟通的进程了，营销技巧的最基本方法就是沟通，沟通的基本招数有以下几个：

（1）要懂得用简单的语言把复杂的问题表达清楚；

（2）要让对方感到遇到知己了；

（3）要永远用正面的语言与对方交流，让对方感到温暖，自己也充满信心；

（4）要敢于承认自己的不足和缺失，用好奇心引导对方分享自己的想法，在自己收获智慧的同时也让对方获得心理上的满足；

（5）不论对错都不争辩，要清楚自己是来跟对方做生意的，不是来参加辩论大赛的；

（6）在不完全了解对方背景的时候，千万不要说长道短，特别是议论公司、同事、亲朋好友等的缺点或不足。

跟客户的聊天内容可以是包罗万象的，比如：公司的名号、logo、社区、学校、专业、老师、同学、家乡、旅游、新闻，甚至是客户喜欢的八卦，所以我是鼓励业务员在业余的时候，涉猎不同的领域以获取更加丰富多彩的谈话内容，而不至于遇到不同客户因无话可聊而冷场，当然要注意把握分寸，知道自己此行的目的，不是海阔天空胡侃一通，到最后把主题都忘了！

与客户初次交谈要注意一些禁忌的话题，不要涉及：

（1）客户身体的缺陷及个人隐私；

（2）与政治有关的话题、客户的商业机密；

（3）不要轻易议论公司、同事、亲朋好友的是非；

（4）不要用太专业的术语或简称与客户交流。

销售新人最常见的尴尬场景是：跟客户寒暄一番，介绍完公司的产品和服务后,就陷入无话可谈的冷场困境。如何化解此瓶颈呢?首先,销售人员一定要储备充足的知识以及对客户有深入的了解,学会提问与对方关心的领域有联系的问题;其次,在到达客户的场所后,不要急于会谈,要培养卓越的观察力,通过观察客户的办公场所寻找可以赞美的话语。总之,我们与跟客户聊天要投其所好,努力与他成为同道中人。

坚持以上的训练而养成你的沟通习惯,你一定会成为受人欢迎的营销高手!赠送世邦集团营销泰斗阮副董的三句营销金言给大家:"思路一变、市场一片""不怕市场不景气就怕自己不争气!""请记住市场永远没有饱和一说,你说市场饱和是不是意味着不要竞争了?"。

◉ 延伸阅读

把天聊死是一种怎样的感觉

李筱懿

我是一个反射弧比较长的人,说好听点,叫稳重,说难听了,叫呆。比如,一群人说笑话,我总是那个压轴笑,别人笑上半场,我笑下半场,不了解的人会觉得我好像很有智慧,深思熟虑的样子,其实,我只是吃过大亏而已。

刚工作几个月,老板看我目光机灵好像沟通能力很强,经常带我出席一些公务场合,成年人对职场小朋友都很宽容,即便说错话也往往被原谅,直到有一次我把聊天聊死了。

那天中午来了两位重要客人,其中一位还是我的校友,作为老板秘书和未来工作的对接人,我们四个人一起吃午餐。吃得正 high 时,校友问我:"教你们现代文学的是不是某某?"我说:"是啊。"她接着问:"他课上得怎么样?"

我觉得,是时候表现自己是一个有趣并且有观点的人了,于是 balabala:"他是一个好老师,但是太没趣,他的课一半人睡觉,一半人看小说,他还有个最奇怪的毛病,每一届都要挑全班最漂亮的女生读《桨声灯影里的秦淮河》,哈哈哈,怎么,你们认识?"

我嘹亮的"哈哈哈"还飘荡在饭桌上,她已经吐出几个字:"他是我爸爸。"

我老板深深地看了我一眼,没说话;校友的同伴赶紧找话题打岔。

不用猜,那个项目换了对接人,好的开始是成功的一半,糟糕的开始同样是难以为继的一半,这次吃一堑长一智之后,我明白社交关系错综复杂,浅表交往很难判断对面的人有着怎样的人际关系、爱憎喜恶,很难知道他/她真正喜欢谁,和谁有梁子。

年轻人都嘲笑过言语谨慎的成年人,觉得"语不惊人死不休"很酷,吃过亏才逐渐明白,那些看上去讲话没趣的家伙,不是呆,而是他们明白标准答案对于职场的重要性。

真正的聪明,并不需要抖太多包袱。

而机灵,是轻飘的,重要的时刻,往往压不住场子。

后来,我进了报社做记者,写财经报道和人物访谈,开始总是整不出像样的稿子,因为我和采访对象没话可说,我总是像《艺术人生》的主持人一样问:"最艰难的时候想到过放弃吗?""你那时有什么感受?""你的愿望是什么?""你觉得是这样吗?"

这些问题一句话把天聊到尽头,只能换来"是",或者"不是"。

直到后来,我跟我师父一起采访。

她非常会聊天。她总是聊一些细节,比如:咦,你办公室墙上这幅字有趣,"静水深流",你为什么喜欢这句话呢?

再比如:我看过几篇你的采访,但是今天见面觉得你状态比采访中更好,你有什么窍门吗?

甚至还有:听说你蛮喜欢星座的,你是狮子座,我是射手座,哈哈,都是火象星座。

比起我滔滔不绝表达自己的想法,师父最后会问一句"你觉得呢"。师父特别明白聊天的价值——会聊天的人并不是为了表达自我,显示自己的聪明、睿智、博学,而是和对方形成语言和心理的良性互动,最终达成共识解决问题,先让对方说痛快了,你才能获得自己想要的信息。

所以,她首先融洽气氛,每次见面都很会破冰,用细节告诉对方,她关注并且试图了解他/她,拉近心理距离,心放松,话才能放开。

她让我明白,话说得最多的人,并不是最受欢迎的人,说很多话和"会聊天"完全是两个概念。于是,我仔细留心周围那些被称赞"高情商"的人,他们未必自己能说会道,但是都特别善于倾听别人说话,他们明白有效沟通是达成共识,而不是做一道抢答题。

即便我从师父身上明白那么多道理,却依旧克制不住自己话痨的欲望,我喜欢争论,在争论中表达自己打击别人,尤其享受占上风的快感。

那时,我说话的风格通常是这样的:

别人:报社附近新开的那家港式茶餐厅不错,中午一起试试?

我:有吗?市中心那家才好,报社旁边的菠萝包有股怪味。

别人:你为什么不喜欢韩剧啊,女人看韩剧就像男人看武侠打游戏一样是放松。

我：我还是喜欢有脑一点的剧情，负责任的编剧，你看完了美剧和英剧再也不会想看韩剧了。

别人：《普利策新闻奖图语》很好看，新闻事件和作品的来龙去脉写得比较清楚，拍摄技巧和获奖理由的分析也到位。

我：千万不要看这种所谓国内专家写的大综合，真想看聊天技巧还不如《奥普拉脱口秀》。

我曾经就是这么一个"会聊天"的人，擅长三个必杀技：一句话堵死人，我比你牛掰，你好弱智。很多句子到我这儿就变成再也没有然后了，甚至，我自己都听得见话题落在地上摔得稀巴烂的声音。

有一次，我和师父争论一个现在早就忘记的话题，她轻蔑地斜了我一眼："现在我们就当答辩，谁也不要让谁，看看你有多大本事争赢。"

我第一次发现，她原来那么能讲，我最后被抢白得哑口无言恼羞成怒，却找不到合适的借口发泄，甚至有一种气炸了要落泪的感觉。

她倒了杯水放在我面前："争论有意义吗？生活中哪有那么多大是大非值得争得你死我活，你以为平时别人不说话是服了你？她们要么是不和傻瓜论长短，觉得跟你说话浪费时间，要么是体谅你，不忍心真把你说败了，宁愿自己委屈。你争了这么多，获得什么了？"

是的，我获得什么了？

把天聊死之后，往往把路也堵死了。从那以后，我尝试逐渐改变，即便有时还难免冒泡。

我练习不要接话太快，让自己没有慎重思考的时间；不要说得太多，让别人失去表达的余地；不用总是反驳，堵死其他人的每一句话。

意外之喜是,语言改变之后,我的心态也慢慢转变,从暴躁到安静,从争执到思辨。

后来,我离开新闻部调到广告部,师父给我发了条信息:莱特兄弟发明了飞机,一大帮子记者去采访他们,非要人家说几句惊世骇俗的话好回去写稿子,哥哥想了想,说:"据我所知,鸟类中最会说话的是鹦鹉,而鹦鹉是永远飞不高的。"

这才是真正的炫酷。

或许,我们都曾经是个不讨人喜欢的年轻人,所谓的智慧不过是生存的痕迹,和吃一堑长一智的沉淀。

(http:www.sohu.comla/132482595_665453,2017-04-07)

第四节　人脉和深耕在销售中的作用

客户约见你了,也跟你做了深入的交流,回到公司后,你要认真地把你与客户见面的内容写到访客报告中,并根据客户的需求,按照你承诺的时间给出报价或问题的解决方案,请记住:客户最看重的往往是后续的服务。做航运这一行,真正的服务从客户下订单那一刻才开始,直至货物送至收货人手上,收货人验收满意付贷款给发货人,而发货人把各项款项结清才算告一段落。

微信公众号"北平说说"上有一段话值得深思。

有一个销售理念叫作"销售不跟踪,万事一场空",跟客户第一次拜访后可以参照"三、七、二十一"的节奏安排后续的回访工作。即第一次拜访后的三天以内一定要给客户再次打电话沟通,表示对客户接待的感谢,询问客户对自己提供的报价和方案的意见和建议，并根据情况跟客户预定再次登门拜访或电话联系的时间；七天之内应根据与客户距离远近、紧迫程度和客户的态度决定再次登门拜访还是电话联系，目的都是为了加深跟客户的印象并进一步展示自己更为完善的销售方案；二十一天内应对客户再次进行跟踪，已经合作的就视为售后服务，还没合作的就加强互动，了解未能合作的原因，想尽办法解决这些问题以达成合作的目标。

真正的业务员不是向客户推销产品或服务，而是和客户成为生活上贴心的好朋友，事业上的战略合作伙伴，然后以一种平等互助、双赢的方式，为客户提供他所需要的服务，帮助他们解决事业上遇到的问题或痛点！

当你和客户成为贴心人后，客户会很乐意把你介绍给他的朋友和行业圈子，这时你做起销售就事半功倍了。一个推销员拜访一个成功人士，问他："您为什么取得如此辉煌的成就呢？"成功人士答："每当遇到我的客户时，我都对他们说，如果你满意我的服务，请您给我介绍3个您的朋友的名字好吗？很多人答应帮忙。"他按照那位成功人士的经验，不断地复制3的倍数，数年之后，他的客户群像滚雪球一样越滚越大，通过真诚的交往和不懈的努力，他终于成为美国历史上第一位一年内销售超过10亿美元的寿险成功人士，他就是享誉美国的寿险推销大师甘道夫。

在当今互联网时代，人与人之间的联系变得更加密切，这种联系无时无处不在，年轻人更应该注意构建你的人脉来为事业腾飞助力。怎么才能认识更多的人呢？人脉资源根据其形成的过程可以分为：血缘人脉、地缘人脉、学缘人脉、事缘人脉、客缘人脉、随缘人脉等。年轻人应积极主动参加各种社会活动，抓住一切机会认识人，参加圈子，构建自己的人脉资源，像农夫一样广播善缘,如此经过岁月的积累后,你一定可以收获满满的硕果。

相反的,如果像猎人急功近利、浮躁而盲目地游走于行业间,只聚焦于眼前利益,是很难取得客户信任的;即使侥幸取得一两票订单,也很难在行业里深耕、发展而成为业界精英!

经验告诉我们,在和客户建立长久关系的过程中,每一次的拒绝、每一次的交谈都有其作用。农夫型的业务员会把工作重点放在把这些讯息和线索串联起来,把每一次拒绝当作一笔成交的开始,持续地为客户提供有价值的市场信息和解决方案,直至和客户成为贴心的战略合作伙伴。相反的是不断转移焦点的猎人型销售人员,他们无法享受到持续耕耘一段关系所带来的收获。

👁 延伸阅读

　　1.《成功的乘法》(苗向东,《合肥日报》)

　　2.《做"农夫",不做"猎人"》(吴育宏,《经济日报》)

第五节　如何报价及提高签单率

很多货代业务新人刚入行时,遇到的最大困难之一是如何给客户报价。报价高了,客户就直接被吓跑了;报价低了,公司没有利益!该怎么拿捏这个度呢?下面就报价问题说说我个人的看法。

业务新人在报价中往往会出现不了解市场和客户、盲目报盘的情况,这样做的直接后果就是使我们在与客户的交往中失

去主动权,而且给客户留下不专业的印象,所以在报价之前要先从以下几个方面来详细了解客户的状况和实际需求:

(1)客户是直客还是同行?

(2)有多少货量或柜量?冷藏柜?特种柜?

(3)出货期间是单批还是长期订单?

(4)目的港或启运港是哪里?

(5)准备进出口的大致日期?有无弹性?

(6)喜欢什么船公司(承运人)?

(7)其他需求。

对客户的准确了解是争取报价主动权的重要前提,在了解客户的信息后就要开始报价了,一个准确的报价,势必让你在和同行的竞争中脱颖而出。报价要遵循以下几个原则:

(1)不轻易亮底牌。在报价和最后成交价的中间要经过很多次交谈,通过交谈和客户磨合然后再一步一步接近成交价或者自己的底线,达成交易。

(2)知己知彼百战不殆,要了解对方、了解市场。在对市场有充分了解的情况下为自己争取最大利润。

(3)对象不同报价策略不同。面对直客和面对同行应该采取不同的策略。

(4)报价是一种承诺,客户下单后再反悔或加价是销售大忌!

(5)业务员是报价流程的主导者,高管不要直接面对客户报价。

报价的目标就是以客户能接受且公司有利润的最高价位卖出产品或服务!

报完价之后,业务员就要"逼单",让客户尽快下单成交。营销人员是靠签单来提成的,没有签单,就没有一切。所以,营销人员必须更加积极、主动,"逼"着客户"签单"。客户,基本上都是不紧不慢的,营销人员必须学会自行掌握这种销售的节奏,"替客户做主"。

用一位哲人说的话来形容:"人都是很听话的——别人说什么,他自己总记得很清楚!"一旦我们给客户设定了时间,客户往往会变得很"积极、热切"。要提高签单率,营销人员就必须学会逼单!

临门一脚很重要。对待那些购买欲望很强烈的客户,我们就该当机立断,不管是通过价格、政策,还是其他途径,抓住时机就赶紧签单。签了就算成功了;没有签下来,即便客户承诺得天花乱坠,我们还是失败的。

但反过来也要注意逼单的节奏和技巧,如果让客户觉得你急于求成,或功利心太重,或只为自己的业绩着想,那会适得其反,会吓跑客户的。逼单时一定要让客户觉得你是站在为他着想的立场上,希望他抓住瞬息即逝的绝佳时机尽快签单以享受各种增值服务或节省成本。此时一定要让客户觉得成交是他自己的决定而非别人强迫的;成交之后,尽量少说话,可以马上礼貌地告辞,以免扰乱客户的情绪,或因自己兴奋之情溢于言表而导致客户反悔。

这里总结一下逼单的注意事项:听得懂客户的言外之意,发现客户的真正顾虑,点破它,然后去消除;针对客户的异议与客户达成共识,避免牛头不对马嘴;不要让客户被"拖"走,寻找客户的核心诉求并加以解决,然后给客户一个期限;当客户嫌贵时,调整客户的参照物,给客户一个购买的理由;当客户转移决策权时,先搞定眼前人;提供多套解决方案……

面对客户货比三家的情况,销售人员首先要明白这是人之常情、意料之中的事,应对办法是向客户提出风险预警,其次加以价值对比,最后通过强化客户的核心诉求来拿到订单。请记住逼单三原则:一鼓作气,趁热打铁;从客户的角度出发;客户下订单都是从理性出发,感性终结,最终促使客户决定下订单的关键因素是当下的感觉。

第六节　如何给客户信用额度

我们货代行业从业人员赚的是辛苦钱,既要为进出口企业提供优质、贴心、高效的服务,还要经常性地为他们代垫物流、货运、货物款项甚至关税等,稍有失误,轻则扣款,重则还要受罚,基本是得不偿失。现阶段,由于世界经济低迷、国际贸易萧条萎缩,大家的日子都不好过,很多上游的合作厂商一遇到资金困难,就习惯性地把货代企业当银行对待,拖欠应付款,不但转嫁风险还可以享受免息贷款,假如这些厂商因各种原因倒闭,那我们的应收款就打水漂了!大家白白付出一年的辛苦不说,还要让我们企业蒙受巨大的损失!

所以在面对业务员来找我帮客户申请信用额度时,我都告诉他们,请他们以衡量客户信用的 5C 原则来判断客户的信用:

(1)character(品格);

(2)capacity(能力);

(3)capital(资本);

(4)collateral(担保);

(5)condition(情势)。

具体要从哪些方面了解客户的信用呢?可以从客户以下资料来了解:

（1）注册资本、实收资本、不动产状况；

（2）最近三年营业情况、行业商誉；

（3）员工人数、大股东及经营团队背景；

（4）该公司的主要客户名单；

（5）过去合作的信用设立历史，有无权威认证的荣誉；

（6）利用一些政府或民间的信用评级机构；

（7）注意收集市场情报。

航运业算是一个受世界经济危机严重影响的重灾区，之前已有一些船公司倒闭或重组，我们作为国际货运代理和无船承运企业，夹在船公司和货主中间，所承受的风险更是可想而知，所以大家要提高警惕，在给予客户信用额度的时候秉持四个原则：

（1）风险第一，业绩第二。即：会卖东西是学徒，会收款才是师傅！

（2）换位思考：如果你是老板，你愿意借钱给该客户吗？

（3）额度与毛利的权衡：我利用这笔钱给公司创造的毛利有没有比这笔钱存在银行的定期利率高？

（4）客户的信用是动态的，不是一成不变的！"预防胜于治疗"永远是降低风险的最佳策略！

世界的经济形势长期扑朔迷离、危机四伏，我们要在危机中前行就更要提高警觉，在做业务的同时首先考虑资金安全，不要让自己和同人们辛辛苦苦的付出因为应收款的坏账而白辛苦了一场。

◉ 延伸阅读

《做销售，回款比卖货更重要》（微信公众号"营销兵法"，微信号 lanhaiyingxiao）

第七节　如何突破销售的瓶颈

　　最近,我接触到的行业内企业都在哀叹业绩不甚理想,利润下降很多,这里面固然有大环境不景气的客观因素,但更多的是因为业务团队遇到的问题——销售瓶颈:为什么客户选择竞争对手的服务而不选择我们的服务？为什么我们的业务员没有持续精进的激情和动力？

　　中欧国际工商学院营销战略学柏唯良教授认为客户在决定购买某项产品或服务之前基本要经过三个步骤:认识到购买的需要;考虑合作伙伴的品牌和产品(服务);掂量各个品牌的优点,选定一个最满意的产品或服务。那么,客户选择与我们的竞争对手合作的原因不外有三种:一是我司无法满足客户需求;二是客户不知道我们的品牌和服务水平,因此选择和竞争对手合作;三是客户虽然知道我司的品牌和服务水平,但更喜欢竞争对手的服务。

　　面对一个市场,管理学有一个著名的 SWOT 矩阵分析式:从价格、产品、服务、市场策略等方面比较分析,找出敌我各自的优缺点,然后避开对手的威胁,找到战胜对手的机会。我们不要简单地、重复地抱怨市场不景气、运价不好、船期不准等等客观因素,而应该乐观坦然地面对我们目前存在的问题和困难,然后积极主动地寻找目标客户(有购买我们服务的需求的潜在客户),把我们的服务优势推荐给客户,有针对性地找出克服我们弱点的方法,有效地战胜竞争对手,成功说服客户放弃竞争对手而选择我们的服务。

　　众所周知,任何行业的销售都有一个成功率,货代行业销售精英的平均成功率不会超过 20%,而业务新人的成功率更是低于 5%。这意味着,你至少要有 20 个潜在客户才有一个客户跟你合作成交,因此在哀叹客户难寻、业务难做的时候,请自问:你的客户群体够吗? 你是否已经开始按照公司的要求每天拜访三家客户,至少每天打 20 个访客电话来积累客户群体了? 如果我们每个业务员都用这样的方法积极努力地去做业务,那还愁业绩不佳吗?

　　同时,在每家企业的业务团队里,让管理者最为难最束手无策的就是那些没有生活压力,每个月又能够完成最低指标的资深业务员。如果任凭这些人留在团队游手好闲,怕他们带坏团队风气;开除嘛又可惜了他们手头的那些客户群体和他们所创造的毛利。相信很多管理者都在苦苦探寻可以激励这些资深业务员的好办法,但收效甚微。

　　其实,激励一个人的因素不外乎就是物质和精神两个方面,当一个人在生活上没有什么经济压力时,激励他持续奋发图强、砥砺前行的就只有精神方面的因素。因此管理者应该和员工促膝谈心,了解他(她)内心的真正需求,与时俱进地向他们传授新的观念、准则和技术,培养他们的归属感、成就感和荣誉感。双方还要根据业务员的能力水平商定一个共同认可的、具有挑战性的业绩目标,并协助他们去完成目标;当目标达成时要给予公开的表彰和奖励以提升他们的荣誉感和成就感。

　　英格尔创始人安迪·格鲁夫说,没有其他事比提拔某个人更能体现这个人对组织的价值。当我们赋予某个资深业务员带领团队的责任,相信他(她)会因为责任感而奋进以成为部属的楷模。当然,这也要看组织准备提拔的人有没有那样的悟性来迎接组织的考验,自动自发地投入工作,从而突破个人职业生涯发展的瓶颈。

👁 推荐阅读

《顾客为什么不买》(柏唯良,中欧国际工商学院管理战略教授)

第八节 互联网时代的网上营销模式

进入 21 世纪,互联网高速发展,传统的线下营销模式裂变出了网络营销模式。下面将梳理航运物流货代企业常用的几种网上营销模式,分别是微信、微信公众号、视频号、抖音等。

一、微信

微信是目前人们最常用的社交工具,所以很多人在微信平台发送一些自己经营的产品或者服务,能马上得到朋友圈的关注,起到立竿见影的作用。微信营销最重要的是要有三个标签:真实可靠、有温度和专业。微主最好在固定时间发送个人爱好(如瑜伽、运动、摄影、健身等)、自拍照、家庭温馨场景或社交活动等,让好友对你有一个清晰的定位:微主是谁! 然后可以再发一些价值类的信息,比如共性类知识、生活小常识等,给别人提供帮助,让人觉得你是一个有温度的人。等好友聚集、人数上升后就可以发一些广告类的信息,比如蹭热点、发客户反馈截图、发公司活动花絮、发一些产品或服务的介绍等。但,为了避免受众的反感,一定不要短时间内密集地发广告信息,一天之内发 3～5 条即可,切忌广告刷屏。

微信营销普遍存在着几大误区：客户不回信息与不看信息是两回事，不要总期待客户回信息，如果您发的是针对特定好友的信息，而好友没有回复，可以隔一段时间再提醒对方；客户拉黑你，不是因为您不停地发信息，而是您发的信息没价值，是垃圾信息，给对方造成困扰了；大家都很忙，有事说事，不要总问人家在不在，也不要每天都发问候类的信息；不要求点赞、求投票、求砍价、动不动检测自己是否被拉黑……

二、微信公众号

微信公众号，简称公众号，定位为"公众平台"，是用户利用公众账号平台进行自媒体活动，简单来说就是进行一对多的媒体活动，如商家通过申请微信服务号后再通过二次开发展示商家微官网、微会员、微推送、微支付、微活动、微报名、微分享、微名片等，已经形成了一种主流的线上线下微信互动营销方式。

微信公众号的基本信息相当于企业的一张名片，用户添加企业公众号之后，通过查看公众号名称、头像、简介、导航菜单、消息回复等基本信息，可以对企业有总体的认识和定位。所以，名片信息的设置要简单、清晰、明了，回复设置要直观地告诉用户我们是谁、我们在干什么、我们能为你提供什么。企业做公众号要先确定公众号的基调，即给企业定位，对准企业目标用户确定公众号形象、发布的内容和风格；菜单栏设置要体现具体业务，这样能够让客户更加方便地找到你、了解你、信任你。比如立明致远物流大讲堂的微信公众号定位为：立明致远物流大讲堂是中国航运物流业职业教育培训的平台；我们服务的目标用户是航运物流货代企业以及从业人员；公众号基调风格是专业高端、易操作、实用性强。

微信公众号又分为服务号和订阅号。服务号的特点是为企业提供更强大的企业服务和用户管理能力。企业申请服务号之后,在微信公众号平台中设计自定义菜单,方便用户使用的同时有利于商家更好地管理平台和粉丝。服务号在通讯录里会被归类,粉丝在自己的微信列表中可以直接看到企业服务号推送的信息和次数。目前,平台规定服务号的群发消息次数只能一个自然月4次。

订阅号刚开始申请时没有自定义菜单,只有经过认证之后才会有,它也没有高级接口,不能使用用户开发模式。用户不能在微信列表中看到订阅号推送的信息,要由用户自己点击订阅号列表,在二级界面中才会看到所关注的企业的信息。订阅号最大的优势在于每天都有一次群发消息的机会。

针对服务号和订阅号的不同特点,建议服务老客户的企业采用服务号来进行微信精准营销,避免对客户的疲劳轰炸而导致客户的反感。而像一些快消品、餐饮、娱乐、电商等行业的商家,因其需要有更多机会向粉丝推广产品或服务信息,适合建立订阅号。

那如何做好公众号呢?首先,要重视和珍惜每次推送的内容,把内容做成精品,通过一次次的累积叠加最终实现用户的增长;要充分运用创意、技术和福利等手段来实现流量的转化;要善于利用微信模板信息,即时与用户互动和沟通,这样能更简单、更直接地提升微信流量转化率。其次,企业设计公众号模式时要遵循六大原则:公众号的名称一定要接地气;功能板块一定要有趣味性和参与感;通过累计粉丝了解客户的需求,多与粉丝进行互动以培养他们的黏性;关注自动回复,提升用户体验感;服务至上,价值为王,要给用户一个持续关注的理由;引导粉丝扩散信息,让粉丝成为传播者和代理人是经营好公众号的重中之重。

　　企业在运营公众号时一定要避免以下误区：赶时髦，还未想好怎么做就随波逐流，跟着大家做而做，没有自己的特色，没有原创产品或服务；分散精力做多个公众号；不投入就想有收获；发太多的广告而没有给用户带来有价值的内容；不重视标题（公众号的标题不能超过 13 个字）……

　　下面介绍一些微信公众号营销的方法，首先一定要有用户喜欢的原创作品，由此产生对用户的黏性且促使用户进行二次传播；其次，企业要用行政手段发动全体员工转发信息至他们的朋友圈，同时要求员工转发时不能空白转发，需要把文章的内容大致概述出来，最好还要有个人点评，另外，不仅要点击文章右下方一个点赞的大拇指，还要点击最右边的"在看"按键，以表示有多少人对此文关注；再次，企业领导人一定要有互联网思维，支持官网及微信公众号的建设；最后，企业一定要打造一支具备强大执行力、创造原创作品能力、文案编辑能力、创新能力、资源整合能力、后台数据分析和总结能力、提供服务能力的新媒体营销团队。

　　这里分享世界领先的关务集团——上海欧坚网络发展集团股份有限公司董事长葛基中博士关于欧坚集团微信营销运营管理"五个在线"的经验：产品在线——产品的质量、价格和知名度都要能吸引客户的眼球；客服在线——在微信上客户随时随地会来询问和购买，为此企业要考虑如何把客户变成会员，并且在微信群里要保持互动，有了人气才能让客户永远在线上；员工在线——很多公司公众号有几十万粉丝，为此必须把这些微信群分到每个人手里，分田到户、责任到田，让每个员工耕好自己的地，建立激励机制，让员工有获得感，微信营销才能保持高额的业绩；管理在线——人总有惰性，如果企业没有管理、检查和激励，员工就会失去积极性，有时员工遇到困难，领导不及时指导支持，员工也会失去信心，为此，领导的关心和指导也是非常重要的；支付在线——在微信上购物就是图一个方便，简化客户在线购物、支付的流程和支持物流配送，如果客户购买支付后有积分鼓励，给客户更多的优惠和便利，客户还会重复购买，或者推荐他人购买。

三、视频号

视频号是平行于公众号和个人微信号的内容平台，它是一个用于记录与创作的平台，让用户可以通过视频或图片，记录与分享生活和创意并能带上文字和公众号文章链接。与朋友圈不同的是，朋友圈仅好友可访问，而在视频号发布的内容动态则可让大众访问查看。视频号不同于订阅号、服务号，它是一个全新的内容记录与创作平台，也是一个了解他人、了解世界的窗口，且不限发布次数，它的功能就是通过社交化和平台个性化推荐这两种不同的传播方式，构成"社交媒体＋短视频"的搭配组合，让更多的人看到你、关注你、喜欢你。

接下来介绍视频号制胜四原则：

一是传播原则。不同于以往自媒体"覆盖式"的传播规则，视频号的传播规则是"连接式＋触发式"，即当一条视频号的内容发出来后，首先看到的是你的好友和关注你的人，这是熟人社交之间的连接传播。如果这当中有人跟你进行互动，比如点赞或评论，就等于触发了传播机制，他的好友同样也会看到你。就像水的波纹一样，一圈一圈不断向外传播。视频号有个功能叫"点赞即传播"。

二是尊重点赞率原则。视频号的后台靠一个公平的算法推荐，通过对视频的垂类将某个类型的内容推荐给喜欢这个类型的陌生人。点赞率＝为你点赞的人数/你的微信好友数，是一个非常重要的指标。

三是视频号的变现途径是"三号一体加一个社群"。视频号是个拉新神器,能够在公域流量中吸引更多的陌生人,让他们变成你的粉丝,变成你的流量;公众号是个桥梁,必须加上社群以便与这些进入私域流量的人沟通,维护粉丝群,实现留存;通过微信实现转化,让这些准客户完成最后的成交是变现的保障。

四是精准的自我定位原则。号主一定要明确"我是谁?我为谁解决什么问题?提供什么方案?"

如何做好视频号的运营管理?首先最好取一个与微信一致的头像和名称以符合"三号一体"的原则,并直截了当告诉受众这个号主要是传播什么内容的;其次,在视频号的平台上,影响视频号权重的五个因素依次为:原创度、好友互动率、作品垂直度、完播率和发布频率;再次,建议的发布频率是"日更",如果做不到日更,最少每周发四条内容;最后,发布的时间,一般要选择自己的目标用户活跃的时间,像需要深度学习和阅读的合适时间段是每天的晚上 7—9 点;情感类、心理类或亲子教育的,比较适合在晚上 10—12 点发布;早上人们想听的是新闻或学习类的东西。

视频号的运营管理还要重视选题即内容的输出,要么提供价值,要么提供价值观。要认真写好脚本,一定要训练自己能用一句话来表达这个选题的内容。做选题的第一个技巧是用聆听者的期望代替表达者的好恶;选题的第二个技巧是"借势"和"融入热点";第三个技巧,一个好的选题要充满参与感和互动性;第四个技巧,文案写作。好的脚本写作要具有一个特点,就是让人在看了第一眼之后就决定点进去一看究竟,即"黄金三秒法则"。脚本的写作一定要有立场,可以是方法,可以是观点,也可以是态度。最后一定要用一个口号(SLOGAN)来补充和强化你的内容。

视频号一定要有个好封面。目前视频号支持封面的自由选择,也可以从自己的视频内容中选择一个既美观又能凸显主题的画面作为封面;如果没有上述设置,视频号会把视频内容的第一帧画面默认为封面,所以第一帧一定不能是黑屏。一个好的封面一定是画面和文案相辅相成的;画面负责形成视觉冲击力,而好的文案(金句)则能起到画龙点睛的作用,能在最短的时间内捕获目标人群的注意力。视频号弄潮者一定要懂得自我形象管理。同时,视频号玩家一定要培养终身学习的决胜能力以保证高端内容的输出,达到有料(有价值的真东西)、有趣(可爱、幽默、好接受)、有势(看问题的高度、深度和广度)。

最后,介绍做好视频号运营管理的一些技巧。一是如何用有效互动做好粉丝维护?视频号主一定要抽出时间来回复评论、留言以达成和高质量粉丝(蓝朋友)的良性互动。二是除了做好自己评论区的管理,也要做好更多准竞品视频号评论区的管理,让更多同类人主动来找到你。三是在成为高手之前先认识高手、模仿高手。四是在视频底部加文字引导语,如"关注×××了解更多相关知识""关注××××获取更多干货""我们致力于分享××××干货"(注意不能体现公司 Logo 和联系方式等)。五是在朋友圈推送视频的内容字数最好不要超过 140字,以免内容被折叠而传达得不完整;为了提高内容被打开并分享的概率,在发视频号时艾特好友,主动邀请他们为你助力……

四、抖音

抖音是由"字节跳动"孵化的一款音乐创意短视频社交软件。该软件于 2016 年 9 月 20 日上线,是一个面向全年龄的短视频社交平台,用户可以通过这款软件选择歌曲,拍摄音乐作品形成自己的作品。据统计,目前抖音的使用人群中,85%用户为"90后",主力达人多为"95后""00后",男女比例4:6,一二线城市用户占70%,日均使用抖音半小时以上人群占38%。抖音流行的内容包括唱歌舞蹈、美女帅哥、搞笑段子、旅行美食、才艺表演、兴趣教学、励志鸡汤、名人故事等。

抖音的异军突起带动了新媒体行业的快速发展,这不仅让企业以极低的成本获得巨大的曝光量,还可以直接和用户沟通,更好地实现流量转化,这对于那些中小企业和品牌来说,无疑是一个非常好的机会!随着短视频的发展和科技的进步,抖音的内容必将深入生活的方方面面,从而使抖音成为大众社交娱乐的重要平台。

企业要做抖音营销,首先要想好方向和定位,想想自己擅长做什么,然后根据自己的特长或者第一想法去做内容;其次论证可行性,思考制作难度、粉丝关注度、涨粉天花板等问题;最后要把握热点趋势,坚持定时更新,做好粉丝互动。

抖音的拍摄方式,一是真人出镜,确定拍摄场景、参与演员等,按照剧本拍摄;二是图文型,用剪辑软件合成文字和图片,并配上背景音乐或解说词;三是录屏,用电脑或手机录屏,这种方式适合教育、培训或游戏类视频。

抖音的账号信息要个性化,头像要突出,有辨识度,像素清晰,与账号主体内容相关,符合大众审美;账号名称10字以内,简单好记,与内容关联;个性签名,引导关注、评论等相关内容;可以置顶点赞量高的视频,并定期更换。

抖音的内容原则,一是有用,即用户看完视频之后能收获一些有价值的内容;二是有趣;三是有鲜明的个性,即让用户在海量的内容中能快速记住你并且点开主页加关注,切忌模棱两可;四是有价值观,即账号内容所体现的价值观与目标用户群体的价值观契合。据此原则,在选题方面要多元化、抖音范、炫酷年轻,要有清晰的人设;脚本要垂直 IP、要分析受众,结合抖音和自己的风格;标题要有趣、有梗、有个性,要真实,能引发用户参与;封面要统一调性,要个性化、干净,清晰展现人设;文案要贴近生活,能引起受众共鸣;造型要风格统一、鲜明,按自己人设塑造,避免土味。

接下来简单介绍一些抖音运营管理的技巧:在视频描述中写"心疼小姐姐(小哥哥)的快点赞吧",可以提高点赞率;在视频描述里,设置一些互动问题以引导用户留言评论,提升评论量;通过提炼视频核心观点,引导更多用户参与话题讨论,进一步提升转发量。

抖音发布的最佳时间:早上 7—9 点,这个时间大多数人刚睡醒,刷一刷抖音醒醒神,或者在上班路上无聊看一看抖音有什么好玩的;中午 12—13 点,忙了一上午,工作也好上学也罢,终于可以歇下来,趁着吃饭的档口赶紧刷刷抖音,看看最喜欢的小哥哥、小姐姐更新了内容没有;下午 16—19 点,这个时间主要针对上班族,下午四五点,手里的工作基本处理得差不多了,有时间翻翻抖音放松一下坐等下班,或者下班通勤路上打发时间;晚上 21 点以后,下课或者下班收拾完,终于可以躺在床上,干什么呢? 刷抖音!

最后,总结一下目前五种主要网上营销模式的区别。抖音是大卖场、地摊、集市,一定要夸张,大声疾呼来引人注目,跟街头卖艺一般从而达到引流的目的;视频号是饭局,有时要戴着面具说话(一定要输出正能量);小红书是茶话会、闺蜜聊天局,讲究的是分享感,要真诚不能花里胡哨;B 站是文艺汇演,考验的是内容能力,没一定水平就算了;快手是村口的娱乐情报八卦站,要能唠,给人亲切感。

§ 第六章 §

航运货代物流产业链基础知识

第一节 承运人

一、船公司

船公司是指拥有或运营进出口货船的海运公司。船公司是承运人,具有直接运输的设备——运输船舶和集装箱,其中有专门拥有船舶资产而不运营船舶的、有货主拥有船舶并运营的、有港口经营部门拥有船舶并运营的、有没有船舶资产只是参与船舶运营管理的,还有没有任何资产只是通过信息或资产优势撮合船货的等。(谢燮,2016:107)

根据 Alphaliner 的最新船公司运力数据显示,截至 2022 年 12 月 31 日,全球运营的集装箱船达到 6 519 艘,总运力共计 2 640.12 万 TEU,折合约 3.16 亿载重吨。其中,前三大班轮公司总运力占全球市场的 46.6%。详情见附录《全球班轮公司运力百强排名》。

二、无船承运人

无船承运人(non-vessel operating common carrier,简称NVOCC),是指以承运人身份接受货主(托运人)的货载,同时以托运人身份委托班轮公司完成国际海上货物运输。由于无船承运人一般并不拥有或掌握运输工具,只能通过与拥有运输工具的承运人订立运输合同,由他人实际完成运输,这种承运人一般称为无船承运人。

无船承运人通过购买公共承运人的运输服务,再以转卖的形式将这些服务提供给货主以及其他运输服务需求方。在开展单一方式运输或多式联运业务时,与委托人订立运输合同,根据自己为货主设计的路线方案开展全程运输,签发经过备案的无船承运人提单,对运输负有责任。因此无船承运人在实际业务中只是契约承运人,而实际完成运输的承运人是实际承运人。

2019年4月起,在各地市场监督管理局登记注册的企业,只要经营范围有"无船承运业务"这一项,就可登录中国交通运输部水路运输建设综合管理信息系统(http://wtis.mot.gov.cn)办理"无船承运业务备案"。

申请单位如果没有该系统的账号要先进行注册,然后补全申请信息及企业基本信息后提交申报资料。审批工作由各省、直辖市航管部门负责,如需了解进行中的业务审批状况,可以致电对应省份、直辖市的航管部门咨询。企业 NVOCC 资质审批通过后,企业可在该系统下载"备案回执"留底备查。(2020年以前完成无船承运人备案的企业不补发备案回执。)

无船承运企业完成备案获得无船承运人经营资质后,还需要到"上海航运交易所"的网站做运价备案方可开展日常的无船承运业务,日后凡有航线运价变动都要到上海航交所的网站及时更新以确保经营活动的合规性。

三、航空公司及其销售代理人

国际航空公司是指拥有或租赁飞行器,并且在多个国家和地区开启航线为旅客或货主提供高质量、优质的客货运输服务的企业。目前十大世界级国际航空公司分别是：卡塔尔航空公司、新加坡航空公司、全日空航空公司（日本）、阿联酋航空公司、澳洲航空公司（澳大利亚）、汉莎航空公司（德国）、达美航空公司（美国）、英国航空公司、美联航航空公司（美国）、美国西南航空公司。而中国十大航空公司分别是：中国国际航空公司、南方航空公司、东方航空公司、海南航空公司、深圳航空公司、厦门航空公司、台湾中华航空公司（中国台北）、吉祥航空公司、长荣航空公司（中国台北）和四川航空公司。

每家航空公司都有货运销售代理人和客运销售代理人，即指受民用航空运输企业的委托，在约定的授权范围内，以委托人的名义办理航空客货运输销售及其相关业务的营利性企业。2019 年 3 月，根据国家"放管服"改革要求，为进一步适应和完善航空运输销售代理市场的发展，结合销售代理行业发展实际情况，中国航空运输协会（China Air Transport Association，CATA）全面停止基础销售代理资质认可，原中国航空运输协会"航空运输销售代理资质认可证书"（俗称：航空铜牌）不再有效。CATA 前置审批取消后，代理人不需要再申请或延续"航空运输销售代理资质认可证书"。航空客运（机票）销售代理可直接申请国际航空运输协会（International Air Transport Association，IATA）一级客运代理资格，但仍需满足至少 3 名编制内员工持有客/货运岗位证书；航空货运销售代理人注册资本最低限额为 300 万人民币，凭编制内员工 3 本岗位证书、3 本危险品证书以及 2 本安保证书可跟航空公司直接签署代理协议。不过，目前许多国际航空公司要求其代理还需要具备国际航空运输协会中国货物财务结算系统（Cargo Account Settlement System，CASS）和 IATA 货运代理的资质。

第二节　代理公司

一、船舶代理公司

船舶代理公司是指船舶代理机构或代理人接受船舶所有人（船公司）、船舶经营人、承租人或货主的委托，在授权范围内代表委托人办理与在港船舶有关的业务，提供有关的服务或完成与在港船舶有关的其他经济法律行为的代理行为。

具体业务有：船舶代理公司协助委托者办理船舶进出港口手续，联系安排引航、靠泊和装卸；代签提单、运输合同，接受订舱业务；办理船舶、集装箱以及货物的报关手续；承揽货物，组织货载，办理货物、集装箱的托运和中转；代收运费，代办结算等。

成为船舶代理需要具备以下条件：

（1）两名具有高级业务职称或研究生以上学历并有从事国际海运相关业务三年以上经历的资深员工。

（2）两名具有本科学历，在国际海运相关企业担任业务部门经理职务三年以上经历的资深员工。（认可持有"国际货运代理行业从业人员岗位专业证书"之人员）

以上（1）（2）条件满足其中之一即可，但需提供当地公证机关出具的从业经历公证文件。

（3）2014年开始在北京"中国船舶代理及无船承运人协会"备案，取得国际船舶代理经营资格备案回执及在协会网站公布（目前国家对申请国际船舶代理业务的企业没有资金限制）。

中国比较著名的公共船代公司有：

(1)外轮代理有限公司（China Ocean Shipping Agency "Penavico"）。

(2)中外运船务代理有限公司（China Marine Shipping Agency）。

(3)联合国际船舶代理有限公司（United International Shipping Agency Co.，Ltd.）。

二、国际货运代理企业

国际货运代理企业（international freight forwarding company）是指国际货运代理组织接受进出口货物收货人、发货人的委托，以委托人或自己的名义，为委托人办理国际货物运输及相关业务，并收取劳务报酬的经济活动。根据中国相关法规，国际货代企业没有资格签发 NVOCC 提单，不能赚取差价，只能向客户收取服务费或操作费。

成为国际货运代理，需要具备以下资质：

(1)母公司注册资本人民币 500 万元，每增加一家分公司需增加注册资本人民币 50 万元。

(2)取得由商务部授权的地方商务局或当地国际货运代理协会颁发的国际货代企业备案表。

国际货代企业按其经营的业务内容又分为：海运、空运、铁运、卡运、拼箱、多式联运、大件散杂货、冷链物流、危险品等企业。

国际货代企业从事的主要业务有：以最快最省的运输方式，为货主安排合适的货物包装，选择货物的运输方式，建议仓储及分拨方案；帮货主选择可靠、高效的承运人，并协助缔结运输合同；安排货物的运输、仓储、拼装，若货主有需求可办理货物的计重和计量，并代办货物保险；代为办理报关、报检等手续，并将货物交付承运人；代表货主承付运费，缴纳关税；代表货主从承运人处取得提单;通过承运人或自己的海外代理,及时监督货物的运输过程,并使货主及时了解货物动向;协助货主在目的地清关、取得货物等。

三、报关行

报关行(customs broker)是指经海关准予注册登记,接受进出口货物收发货人的委托,以进出口货物收发货人名义或者以自己的名义,向海关办理代理报关业务,从事报关服务的境内企业法人。

报关行的职能包括提供货主清关资料的初审与协助递交的服务、代理客户与海关协商争议解决方案以及提供咨询。

出口通关流程:接收报关资料→初审→报关单预录入→复审→确定货物进仓/货柜进码头→报关单申报→海关作业→海关放行(或查验)→码头放行装船。

进口清关流程:接收报关资料→确定进口产品的要求、监管条件、关税,确认货物到港时间→初审报关资料→报关单预录入→复审报关资料及报关单→检查舱单状态→向海关申报报关单→缴交税款→海关放行或检验→通知货主提货。

四、对外贸易经营者

对外贸易经营者(俗称进出口国际贸易公司),是指依法办理工商登记或者其他执业手续,依照《中华人民共和国对外贸易法》和其他有关法律、行政法规的规定从事对外贸易经营活动的法人、其他组织或者个人。

2022年12月,十三届全国人大常委会第三十八次会议经表决,通过了关于修改《中华人民共和国对外贸易法》的决定,删去其中第九条关于对外贸易经营者备案登记的规定。根据决定,自 2022 年 12 月 30 日起,各地商务主管部门停止办理对外贸易经营者备案登记。对于申请进出口环节许可证、技术进出口合同登记证书、配额、国有贸易资格等相关证件和资格的市场主体,有关部门不再要求其提供对外贸易经营者备案登记材料,但经营者仍需办理以下手续:海关登记以获取报关权限;申领电子口岸 IC 卡;外汇管理局企业名录备案。

商务部有关负责人表示,这是外贸经营管理领域的重大改革举措,是我国政府坚定推行贸易自由化、便利化的重要制度创新,将有利于进一步优化营商环境,释放外贸增长潜力,推进国际贸易高质量发展和高水平对外开放。

第三节 集装箱操作场站

一、集装箱码头

集装箱码头是指包括港池、锚地、进出港航道、泊位等水域以及货运站、堆场、码头前沿、办公生活区域等陆域范围的,能够容纳完整的集装箱装卸操作过程的,具有明确界限的场所。

功能:(1)具有连接各种运输方式的枢纽功能;(2)具有各种运输方式的转换功能;(3)具有集装箱集疏、缓冲的功能;(4)在进出口贸易中,对一个国家来说是一个终端场,有开门或关门的功能。

二、陆地港

陆地港又称为无水港或内陆港,是指内陆一个具有与海岸类似的货物集散功能的特定海关监管区域,具有报关、报检、签发提单等港口服务功能的物流中心。陆地港与沿海港口合作,相当于把港口的口岸通关功能"前置"到内陆地区,当地货主可以在家门口办理货物乘船出口通关手续;同时,沿海港口也可通过陆地港积极揽货,扩大自身的腹地辐射范围。

目前福建获批运营的陆地港有:晋江、龙岩、武夷山、三明、莆田五个陆地港。

三、堆场

堆场是指办理集装箱重箱或空箱装卸、转运、保管、交接、维修、保养等工作的场所。它是集装箱运输关系方的重要组成部分,在集装箱运输中起到重要作用。

集装箱堆场,有些地方也叫场站或货柜场。对于海运集装箱出口来说,堆场的作用就是把所有出口客户的集装箱在某处先集合起来(不论通关与否),到了截港时间之后,再统一上船(此时必定已经通关)。也就是说,堆场是集装箱通关上船前的统一集合地,在堆场的集装箱货物等待通关,这样便于船公司、海关等进行管理及提高码头船的装卸效率。

集装箱场站还有一个作用,就是把货主不方便拖装的货用卡车拉到堆场的仓库进行现场装货,或拼箱公司把散货客户(less than container load,LCL)的货集中到堆场仓库存放,再统一装柜报关出口。

四、仓库

仓库一般是指具有储存设施,对货物(物资)进行集中、整理、保管和分发等工作的场所。

与国际贸易、航运业息息相关的是保税仓库(bonded

warehouse）。

保税仓库是保税制度中应用最广泛的一种形式,是指经海关核准的专门存放保税货物的专用仓库。港口设立的关税保护区内的货物,多用于转口贸易和转口加工贸易。

海关允许存放保税仓库的货物有:

(1)供加工贸易(进、来料加工)加工成品复出口的进口料件;

(2)外经贸主管部门批准开展的外国商品寄售业务、外国产品维修业务、外汇免税商品业务及保税生产资料市场的进口货物;

(3)转口贸易货物以及外商寄存货物以及国际航行船舶所需的燃料、物衬和零配件等。

保税仓库分公用型和自用型两类。公用型保税仓库是根据公众需要设立的,可供任何人存放货物。自用型保税仓库是指只有仓库经营人才能存放货物的保税仓库,但所存放货物并非必须属仓库经营人所有。

五、运输公司及无车承运人

运输公司就是指拥有车辆且从事货物运输的个人或单位。

无车承运人(non-truck operating common carrier, NTOCC)是由美国 truck broker(货车经纪人)这一词汇演变而来的,是无船承运人在陆地的延伸。无车承运人指的是不拥有车辆而从事货物运输的个人或单位。无车承运人具有双重身份,对于真正的托运人来说,其是承运人;但是对于实际承运人而言,其又是托运人。无车承运人一般不从事具体的运输业务,而是运用互联网工具从事运输组织、货物分拨、运输方式和运输线路的选择等工作,其收入来源主要是规模化地"批发"运输而产生的运费差价。

无车承运人与货运代理人的联系:

(1)本质相同:无车承运人与货运代理人的本质相同,二者都是运输中介组织。

(2)作用相同:无车承运人和货运代理人在整个运输过程中都起着组织者的作用。

(3)资产购置要求相同:无车承运人和货运代理人均是轻资产运营,不需要专门购置车辆。

(4)盈利模式相同:无车承运人和货运代理人都是利用信息不对称而赢利,收取的都是"信息资源费"。

(5)根据营改增的有关税法,国际货代企业针对货主提供的国内部分的物流服务(如拖车、报关、仓储等)可以开立6%增值税专用发票,国际运费部分享受免税优惠,可以开零税率增值税普通发票;无车承运人可以和实际承运人(运输公司)一样开11%的增值税专用发票,出口企业可获得11%进项抵扣税额。

按照规定,我国对货运代理企业实行登记备案制,在注册资本规模上做出了严格的规定,然而,我国对于无车承运企业目前还在试点阶段,有严格的审批制度。2016年8月29日,交通运输部发布了《关于推进改革试点加快无车承运物流发展的意见》,明确规定了无车承运存在的条件和法律地位,明确要求试点单位必须:具备较为完善的互联网物流信息平台和与开展业务相适应的信息数据交换处理能力;能够通过现代信息技术对实际承运人的车辆的运营情况进行全过程管理。

目前无车承运人的行业标杆是美国最大的第三方物流公司罗宾逊物流,希望国家试点推行的无车承运制度能为促进物流货运业的转型升级和提质增效创造积极的政策环境并引领方向。

第四节 保税区、保税港区、出口加工区、自贸区的论述

一、保税(物流园)区

定义：保税区又称保税仓库区，是经国务院批准设立的、海关实施特殊监管的经济区域，是我国目前开放度和自由度较大的经济区域。

功能：其功能定位为"保税仓储、出口加工、转口贸易"三大功能。

政策：根据现行有关政策，海关对保税区实行封闭管理，境外货物进入保税区，实行保税管理；境内其他地区货物进入保税区，视同出境；同时，外经贸、外汇管理等部门对保税区也实行较区外相对优惠的政策。

1990年5月，在上海外高桥建立中国第一个保税区，之后，又相继建设了天津、大连、深圳的福田和沙头角、宁波、广州、张家港、海口、厦门象屿、福州、青岛、汕头、珠海、海南洋浦等15个保税区。保税区是中国继经济特区、经济技术开发区、国家高新技术产业开发区之后，经国务院批准设立的新的经济性区域。由于保税区按照国际惯例运作，实行比其他开放地区更为灵活优惠的政策，它已成为中国与国际市场接轨的"桥头堡"。因此，保税区在发展建设伊始就成为国内外客商密切关

注的焦点。

二、出口加工区

定义：出口加工区又称加工出口区。狭义指某一国家或地区为利用外资，发展出口导向工业，扩大对外贸易，以实现开拓国际市场、发展外向型经济的目标，专为制造、加工、装配出口商品而开辟的特殊区域，其产品的全部或大部供出口。广义还包括自由贸易区、工业自由区、投资促成区和对外开放区等。

加工区内，鼓励和准许外商投资于产品具有国际市场竞争能力的加工企业，并提供多种方便和给予关税等优惠待遇，如企业可免税或减税进口加工制造所需的设备、原料辅料、元件、半制品和零配件；生产的产品可免税或减税全部出口；企业可以享受较低的国内捐税，并规定投产后在一定年限内完全免征或减征；所获利润可自由汇出国外；向企业提供完善的基础设施，以及收费低廉的水、电及仓库设施等。

三、保税港区

定义：保税港区是指经国务院批准，设立在国家对外开放的口岸港区和与之相连的特定区域内，具有口岸、物流、加工等功能的海关特殊监管区域。

功能：保税港区的功能具体包括仓储物流，对外贸易，国际采购、分销和配送，国际中转，检测和售后服务维修，商品展示，研发、加工、制造，港口作业等9项功能。

政策：保税港区享受保税区、出口加工区、保税物流园区相关的税收和外汇管理政策。主要为国外货物入港区保税以及货物出港区进入国内销售按货物进口的有关规定办理报关。保税港区叠加了保税区和出口加工区的税收和外汇政策，在区位、功能和政策上优势更明显。

四、自由贸易区

对自由贸易区的定义有两个主要依据：

(1)1973 年国际海关理事会签订的《京都公约》，将自由贸易区定义为："指一国的部分领土，在这部分领土内运入的任何货物就进口关税及其他各税而言，被认为在关境以外，并免于实施惯常的海关监管制度。"

(2)美国关税委员会给自由贸易区下的定义是：自由贸易区对用于再出口的商品在豁免关税方面有别于一般关税地区，是一个只要进口商品不流入国内市场可免除关税的独立封锁地区。自由贸易区的另一种官方解释，是指两个或两个以上的国家(包括独立关税地区)根据世界贸易组织（World Trade Organization，WTO）相关规则，为实现相互之间的贸易自由化所进行的地区性贸易安排（Free Trade Agreement，FTA 自由贸易协定）在缔约方所形成的区域。这种区域性安排不仅包括货物贸易自由化，而且涉及服务贸易、投资、政府采购、知识产权保护、标准化等更多领域的相互承诺，是一个国家实施多双边合作战略的手段。

商务部国际司司长张克宁对自由贸易区的定义如下：所谓自由贸易区，不是指在国内某个城市划出一片土地，建立起的类似于出口加工区、保税区的实行特殊经贸政策的园区，而是指两个或两个以上国家或地区通过签署协定，在 WTO 最惠国待遇基础上，相互进一步开放市场，分阶段取消绝大部分货物的关税和非关税壁垒，在服务业领域改善市场准入条件，实现贸易和投资的自由化，从而形成涵盖所有成员全部关税领土的"大区"。

五、自由贸易区和综合保税区的区别

（1）海关监管模式不同：自贸区属于境内关外，即属于海关管辖区之外的特殊封闭区域，保税区则在海关监管范围之内。

（2）管理模式不同：自贸区有国家级权威管理机构，具体的区内管理由相应公司承包；保税区由设区地方管理，各自为政，缺乏统一规划。

（3）政策依赖程度不同：自贸区先立法后设区，区内企业按国家有关法律运营，保税区至今没有全国统一的法律，对政策的依赖性较强。

中国（上海）自由贸易试验区于 2013 年 9 月 29 日正式挂牌成立，范围涵盖外高桥保税区、外高桥保税物流园区、洋山保税港区、浦东机场综合保税区等四个海关特殊监管区域，总面积 28.78 平方千米，比澳门特别行政区 29.9 平方千米略小。服务业开放第一步选择了金融、航运、商贸、专业、文化、社会六个领域。

自贸区最突出的特点就是采取负面清单管理政策，即所谓的"法无禁止皆可为"，希望能进一步加大和加强开放的力度和范围，成为中国新一轮改革开放的试验区、桥头堡。

继上海自贸区之后，2014 年国务院又批准成立了天津、深圳、福建（包括福州、厦门、平潭）自贸区。四大自贸区的定位：上海自贸区结合上海国际金融中心建设打造金融创新示范区，并保持改革的先发优势；天津自贸区战略定位将挂钩京津冀协同发展，推动"一带一路"建设，大力发展实体经济；福建自贸区重点突出对接台湾自由经济区，推动建设海上丝绸之路；广东自贸区将建立粤港澳金融合作创新体制，促进粤港澳服务贸易自由化，推动粤港澳交易规则的对接。

总体布局:上海自贸区立足长江经济带,将更多地定位于金融业的发展;天津自贸区配合"京津冀"一体化战略,侧重制造业的发展及对外开放,力图辐射整个北方地区;福建侧重发挥对台优势,同时配合"一带一路"倡议,力图在贸易等层面有所突破,对接东南亚,拓展和东盟的经贸往来;广东自贸区,立足珠三角,针对香港和澳门地区,力图促进服务业的发展与开放。

2017 年国务院又批准成立辽宁、浙江、河南、湖北、重庆、四川、陕西 7 个自贸区,商务部有关领导表示,希望新设自贸试验区结合各自功能定位和特色特点,聚焦国资国企改革、提升大宗商品全球配置能力和西部开发、东北振兴、中部崛起等重大主题,在更广领域、更大范围形成试点经验,以此来推动贸易的国际化和自由化,带动新一轮的改革创新浪潮。

第五节　RCEP 的机遇与挑战

历经 8 年时间的谈判,2020 年 11 月 15 日,中国与东盟 10 国(菲律宾、柬埔寨、老挝、马来西亚、缅甸、泰国、文莱、新加坡、印度尼西亚、越南)以及澳大利亚、日本、韩国、新西兰正式签署《区域全面经济伙伴关系协定》(Regional Comprehensive Economic Partnership Agreement,RCEP)。作为一个里程碑式的大型区域自由贸易协定,RCEP 的签署旨在实现区域内各国之间货物贸易、服务贸易和投资高水平开放,极大提升区域贸易投资自由化、便利化水平 。

截至 2019 年,RCEP 15 个成员国总人口达 22.7 亿,GDP

达 26 万亿美元,贸易总额达 10.4 万亿美元,人口、经济体量、贸易总额均占全球总量约 30% 。因此,就某种角度而言,RCEP 也被视为当今世界最大的自由贸易区,在近年来单边主义和保护主义抬头、新冠肺炎疫情蔓延、经济全球化遭遇较为严重挫折的背景下,RCEP 的最终签署,并于 2022 年 1 月在批准的国家之间相互生效,对发展多边主义和自由贸易具有里程碑式的意义。

RCEP 由序言、20 个章节和 4 个市场准入承诺表附件组成,内容涵盖货物贸易、服务贸易、投资、中小企业、争端解决等传统议题,同时也涵盖知识产权、电子商务、竞争、政府采购等现代化议题。在序言部分,协定提到三大希望:期望通过本协定,在缔约方之间现有经济联系的基础上,扩大并深化本地区经济一体化,增强经济增长和公平的经济发展,推进经济合作;希望增强缔约方的经济伙伴关系,以创造新的就业机会,提高生活水平,改善各国人民的普遍福利;寻求建立清晰且互利的规则,以便利贸易和投资,包括参与区域和全球产业链和供应链。

顾及各缔约方不同的发展水平,协定对最不发达的缔约方采取额外的灵活性,以及在适当情况下提供特殊和差别待遇;协定充分考虑到需要帮助最不发达国家缔约方更多地参与本协定,以便他们能够更有效地履行其在本协定项下的义务和利用本协定带来的利益;各缔约方也充分认识到良好的治理以及可预期、透明和稳定的商业环境将促进经济效率的提高和促进贸易与投资的发展。

RCEP 的签署和实施有赖于三大支柱,一是区域相近,各缔约方希望在政治安全领域加强合作,增进东盟各国的政治互信关系、防务关系和反恐合作。二是产业相连,各缔约方希望在经济贸易合作层面,发展更高质量、更高水平的经贸关系,开展多边贸易与持续扩大投资规模等。三是文化相近,各缔约方希望在社会文化方面加强合作,教育与学术交流、青年往来、环境保护、文化关系的增强及消除贫困被视为主要合作领域。

RCEP 与国际贸易、国际物流密切相关的章节有:货物贸易、原产地证规则、海关程序与贸易便利化、服务贸易、自然人流动、投资、知识产权、电子商务、竞争、中小企业、经济与技术合作、政府采购等。其中,核心突破之一即制定了更加灵活、自由的"区域累积原产地规则",意指产品再加工过程中实现的增值部分只要属于 15 个签约成员国,且累计增值超过 40% 即视为"原产地产品",可享受相应的关税优惠。如成员国 A 从成员国 B 进口原材料或零部件,在 A 国本土进行加工或组装,只要在成员国 A 和 B 分别产生的增值部分累计超过 40%,那么当 A 国将加工或组装的产品再出口到成员国 C 时,A 国仍被认为原产地,享受零关税。这条规则与《全面与进步跨太平洋伙伴关系协定》(Comprehensive and Progressive Agreement for Trans-Pacific Partnership,CPTPP)的高标准原产地规则形成对冲。

关于海关程序与贸易便利化的主要内容是:简化海关通关手续,采取预裁定、抵达前处理、信息技术运用等促进海关程序提升的高效管理手段;对普通货物尽可能在抵达目的地后 48 小时内放行;对快运货物、易腐货物等,争取在货物抵达 6 小时内放行。在世贸组织《卫生与植物卫生措施协定》的基础上,加强了风险分析、审核、认证、进口检查以及紧急措施等规则的执行。推动各方在承认标准、技术法规和合格评定程序中减少不必要的技术性贸易壁垒。

在最受关注的关税削减方面,RCEP 中货物贸易享受零关税的产品数整体上超过 90%，主要是立刻降税到零和 10 年内降税到零，关税壁垒的取消将带来区内贸易的繁荣，也将有助于签约各国 GDP 的提升。

在服务贸易方面，各国在 RCEP 项下的开放水平都显著高于各自"10+1"协定。对中方而言，我方开放承诺达到了已有自贸协定的最高水平，主要体现在：(1)在入世基础上进一步扩大承诺范围。(2)在入世基础上进一步取消限制。我方承诺开放服务部门的数量，在我国入世承诺约 100 个部门的基础上，新增开放 22 个部门，提高 37 个部门的承诺水平。其他 RCEP 成员国也承诺提供更大程度的市场准入，在中方关注的建筑、工程、旅游、金融、运输、物流等领域承诺较大程度的开放，为我国企业"走出去"提供了广阔空间。

在投资领域，我方在对外谈判中达成了有史以来首张有关制造业、农业、渔业、林业、采矿业 5 个非服务业领域投资自由化的负面清单，首次以负面清单方式做出高水平自由化承诺。其他 RCEP 成员国也总体开放制造业，对于农、林、渔和采矿业，在满足一定要求或条件的情况下，也允许准入，有利于促进区域产业链价值链的融合发展。除了投资自由化外，很重要的是，RCEP 投资章节还包括很全面的投资保护、投资促进、投资便利化的措施。

在电子商务领域，各方达成了亚太区域首份范围全面、水平较高的诸边电子商务规则成果，涵盖了丰富的、促进电子商务使用和合作的内容，主要包括促进无纸化贸易、推广电子认证和电子签名、保护电子商务用户个人信息、保护在线消费者权益等规则。各方就跨境信息传输、信息存储等问题达成重要共识，这是我国互联网监管理念的进步，标志着我方认可"允许跨境数据自由流动、不强制要求信息本地存储"等国际高标准电商规则的价值。

RCEP 签署生效进而实施后，我国未来发展可能会面对国内和国际两方面的考验和挑战。国内方面，一是我国低端劳动密集型产业可能会进一步加速向东南亚地区转移，这会加剧我国地区发展的不平衡问题；二是国外企业加大在中国投资，对国内企业形成更直接更激烈的市场竞争。国际方面，应考虑如何在 RCEP 内部建立有效的利益协调与平衡机制，以避免多边框架中因不同发展水平经济体之间难以调和的矛盾而陷入困局。

而 RCEP 所带来的机遇对全球而言，它不仅是东亚区域合作极具标志性意义的成果，也是多边主义和自由贸易的胜利；它是以发展中国家为主导的经济规则，有助于重塑世界经济格局；它通过贸易和投资的创造效应和转移效应，延伸全球产业链，促进世界经济的繁荣发展。

对缔约各方而言，RCEP 是东亚区域经济一体化进程的重要里程碑，它整合多个"10＋N"自贸协定，内容更广，贸易、服务和投资开放水平更高，对区域经济拉动效应明显。据国际知名智库测算，到 2025 年，RCEP 可望带动成员国出口、对外投资存量、GDP 分别比基线多增长 10.4％、2.6％和 1.8％。

对中国而言，RCEP 的签署是我国自由贸易区战略的重大进展，将助推我国构建面向全球的高标准自贸区网络，也将成为新时期我国扩大对外开放的重要平台，有助于我国形成国内国际双循环新发展格局；通过 RCEP，中日两国首次建立自贸关系，是历史性的突破，并有助于促进"中日韩自贸区协定"的谈判进程。在 RCEP 框架下，我国对外开放将进一步扩大，营商环境将进一步优化，国际国内两个市场资源和要素配置效率将不断提升，也将显著提升我国 140 多个综合保税区的"含金量"。

RCEP 给中国企业带来的红利有以下几个方面。

利好一：东盟市场进一步打开。东盟 10 国目前总人口 6.6 亿，近年来，东南亚电商行业势头正猛，现在已成为全球进步最大的电商市场，RCEP 的签署与实施将促进整个东亚地区经济实现大发展，同时还会大幅优化整个区域内的商业环境。

利好二：中日和日韩首次达成相互开放市场以及降低关税和非关税壁垒的承诺。RCEP 新增了中日、日韩两对重要国家间的自贸关系，使区域内自由贸易程度显著提升，特别是对于包括中国在内的成员国加强与日本的经贸合作奠定了重要基础。

利好三：区域内统一规则。以前各国协议规则不同，进入不同国家市场需要分别签署协议。而在 RCEP 生效后，区域内将统一规则，进入其中一个国家意味着可以进入整个区域的所有国家。国际贸易和生产制造企业运用此规则，除了能解决双边贸易问题外，还能解决"你我他"的第三国、第四国多边贸易问题，特别是产业链相关贸易，本来可能要涉及多个国家，签署协议后，就能把原来可能要在区域外解决的问题，放到区域内来解决，从而帮助企业取得降本增效的效果。比如中国出口外贸企业的商品要进入美国市场，想享受最大额度的免税政策，就要懂得寻找"桥梁国家"来规划出口路线。目前世界有三大区域贸易协定，分别是"RCEP""CPTPP""USMCA（The United States-Mexico-Canada Agreement，美加墨协定）"，我们可以先选择新加坡作为我们的"桥梁国家"，把货物出口到新加坡，享受 RCEP 项下的免税政策，再以新加坡公司的身份出口这批货物到墨西哥，再以墨西哥公司的身份出口货物到美国，这样操作就可以避免中国货物直接出口到美国被征收高额的进口税，当然前提条件是这家中国出口公司要在新加坡和墨西哥设有公司(包括离岸公司)。

利好四:区域内产业链价值链优化。RCEP 的达成对本区域内的商品流动、技术流动、服务流动、资本流动,包括人员跨境流动都会有非常大的好处,形成"贸易制造"效应。以服装行业为例,以前在越南生产的服装向中国出口,要交关税。但现在,RCEP 生效后,中国从澳大利亚、新西兰免税进口羊毛,在中国织成布料,免税出口到越南,越南工厂用这个布料织成服装后再出口到韩国、日本、中国等其他国家,这些可能都是免税的,因而会促进中国、越南当地纺织服装业的发展,提供就业岗位,对成员国的出口也非常有好处。

利好五:中小企业壁垒少。对于依赖区域内国家进口原材料、零部件的企业来说,由于取消关税和非关税壁垒,成本大大减少,企业会从中获益。中小企业进入域内国家的"门槛"也将大大降低。在运行模式方面,协定中各国货物贸易的整体开放水平超过九成,远高于 WTO 的开放水平。

利好六:电子商务机会多。RCEP 紧跟全球发展趋势,纳入了很多全新的贸易形式,电子商务就是其中之一。电子商务必然会成为未来国际贸易的趋势。随着 5G 技术、VR 技术等应用的日益成熟,未来电子商务平台会迎来更多的来自 RCEP 区域的用户。

综上所述,RCEP 整合了各成员国之间现行的自贸协定以及经贸伙伴关系,并在中日、日韩间建立了新的自贸伙伴关系。RCEP 兼顾发展中国家和发达国家的不同诉求,具有较高的包容性;它提振了缔约各方对经济增长的信心、显著提升东亚区域经济一体化水平,促进区域产业链、供应链和价值链的竞争力。RCEP 实施后,各成员国的关税和非关税壁垒将逐步削减,各国投资和进出口贸易等将迎来更大的发展空间。因此,身处国际贸易产业链一环的国际物流企业和从业人员应与时俱进，认真学习、融会贯通 RCEP 的各项规则，及时把握 RCEP 带来的机遇，为自身企业未来可持续高质量的发展之路寻找新的商机和利基点。

§ 第七章 §

跨境电商物流概述

第一节　跨境电商物流简介

　　跨境电子商务是互联网时代新兴的、通过线上运营的国际贸易形式,是指分属不同关境的交易主体,通过电子商务平台达成交易、进行电子支付结算,并通过跨境电商物流及异地仓储送达商品,从而完成交易的一种国际商业活动。是"全球化物流能力"和"全球化信息能力"高度发展后的必然产物,是市场营销"4P"(产品、价格、渠道、促销)理论中"促销"部分在国际贸易过程中的充分运用,是国际贸易在数字化领域应用发展的新常态。现阶段跨境电商正处于"出口国的外贸行为"+"进口国所在城市区域的新零售"融合发展的上升时期。

　　跨境电商物流与跨境电商有着非常高度的正相关,二者存在长期稳定的均衡关系,且互为因果关系。从长期来看,跨境电商与跨境电商物流的关系主要表现为相互正向促进作用,但也存在一定的相互抑制关系,且跨境电商对跨境电商物流的长期依赖性要强于跨境电商物流对跨境电商的依赖。从短期来看,跨境电商主要受自身因素的影响,而跨境电商物流则受跨境电商的影响较大。跨境电商物流与跨境电商关系也主要表现为同向变动,且跨境电商物流的增长在短期内对跨境电商增长并没有明显的反向抑制作用。

总的来说,跨境电商是中国制造走向世界的第二春,是从产品交易到商品国际品牌化升级之路的新契机、新机遇、新方向。跨境电商的不断发展和优化,将改变之前国内直发货的模式对于境外消费者而言购物体验感不佳的状况,以及改变国际包裹运输时间长,服务质量不稳定,贸易风险大,极其容易产生退款、差评、货款两失问题等不利因素。未来跨境电商物流模式将从"直发货和海外仓"模式向"快递+海外仓"立体物流模式演变。亚马逊、ebay、新蛋网(newegg)、wish 等世界级平台纷纷在海外建设海外仓,而国内物流企业也在海外搭建第三方公共海外仓,不少有实力的跨境电商企业自己在海外与第三方公共海外仓合作,尤其是在品牌时代跨境海外仓的建设显得尤为重要。探索跨境电商物流新模式,是国际航运和物流企业未来发展的重要方向和战略模型。跨境电商物流作为协助跨境电商发展的重要推动力,隶属于跨境电子商务生态系统,应当具有促进整个跨境电子商务系统增值,并带动跨境电子商务发展的作用,二者应达到协同发展效应,并从物流本身、发展环境和国际联动三个方面不断优化。

第二节　跨境电商物流与跨境电商协同

在讲跨境电商物流前,我们要简单地对跨境电商做个了解。从广义的跨境电商来讲,只要是基于电子商务进行国际贸易的业务模式都可认定为跨境电商,目前主要分为 B2B、B2B2C、B2C 等模式,主要包括 B2B(business to business,商家对商家进行交易)和 B2C(business to consumer,商家对个人进行交易)两类跨境电商。B2B 电商是指分属不同关境的交易主体,通过电子商务的手段将传统进出口贸易中的展示、洽谈和成交环节电子化,并通过跨境电商物流送达商品、完成交易的一种国际商业活动。B2C 跨境电商或零售跨境电商,指的是分属于不同关境的交易主体,借助计算机网络达成交易、进行支付结算,并采用快件、小包等行邮的方式通过跨境电商物流将商品送达消费者手中的交易过程。值得注意的是,消费者中会含有一部分碎片化小额买卖的小 b 类商家用户,现实中这类小 b 类商家和 C 类个人商家很难区分。

　　传统的国际贸易从生产商到消费者的过程中需要经过多个环节,包括出口国的出口商、进口国的进口商、批发商、零售商等。然而,跨境电商模式从生产商到消费者的过程只有跨境电商这个环节,相较之下,跨境电商减少了传统贸易模式的交易环节,消除了信息的不对称,为消费者节省了不菲的中间流通成本和时间(参见图 7-1)。近年来,随着互联网技术的普及,跨境电商不断迅猛发展,有以下几个原因:(1)国内外物价差距巨大,因为按照现行一般贸易的模式,货物抵达中国境内后进行销售的价格,是在商品到岸价之上加上关税、消费税、增值税(一般 17%,重要物资 13%),总税费占比高达货值的 30%~60%;(2)国内屡遭质疑的产品质量、食品安全以及假货问题导致国内居民随着收入提高、消费升级增加了对海外高质量、高附加值商品的需求;(3)电商消费习惯逐步形成,年轻化、高学历、女性为主的"海淘"群体正在形成;(4)产业链相关网站都有通俗易懂的打折信息、海淘教程;(5)"80 后"、"90 后"和"00"后的主流消费群体通过网络社交圈分享海淘心得;(6)商家无法忽略巨大的潜在市场,有意加强推广。

　　跨境电商物流是以为跨境电商企业提供物流服务为核心的

图 7-1 传统外贸与跨境电商物流环节对比

一种服务业态。一般情况来说分为"头程物流""跨境海外仓"
"尾程派送"三个环节。从物流操作来看,头程物流和原来一般
贸易涉及的物流基本没有区别。跨境海外仓,分为国内前置仓
和目的国海外仓两种,作为跨境电商物流中的重要存在,承担
着头程和尾程的衔接任务,为跨境电商物流中台服务平台,尤
其是对海运和陆运为主的物流模式发挥着重要作用;同时在必
要情况下,为跨境电商进行简单的售后服务工作(比如退换货、
销毁货物、简易维修等)。尾程派送是指在目的国的最后一段
距离物流派件,以目的国物流公司和快递公司为核心,以美国
为例,FedEx、UPS、DHL、亚马逊物流等均发挥重要作用。

　　总的来说,跨境电商区别于原有为海外采购商提供加工贸
易服务的国际贸易出口商,其服务对象是海外终端消费者或者
分销者。与此相对应,原来在目的国的"销售、客服、售后服务、
销货"等工作由海外采购商负责转移到跨境电商企业提供。同
时,跨境电商物流涉及的头程物流、跨境海外仓以及尾程派送
的"决策、落地安排、快递价格折扣谈判"等均要求跨境电商企
业负责。

第三节　四大跨境电商物流模式简介

按照跨境电商贸易模式和物流模式的不同,跨境电商物流有不同的分类。跨境贸易货物出运模式主要可分为直发和海外备货两种模式。直发模式下,根据产品价值,物流需求可以选择直邮包裹、国际快递、专线小包等模式。海外备货模式下,根据货物运输时间要求、产品性质可以选择国际快递、各类专线物流等方式运输。跨境电商物流模式根据跨境贸易货物出运模式的不同,主要分为 4 大物流模式:直邮包裹、国际快递、专线物流、海外仓储。

一、直邮包裹模式

常见的物流产品可以归纳为:中邮小包、速递 e 邮宝、万国邮政、平台包裹物流等。中国邮政系统主要包括:中国邮政小包(China Post Air Mail,分为平邮、挂号)、中国邮政特快专递(EMS)、国际 e 邮宝(Epacket)、中国香港邮政(HK Post)等;国际邮政小包(international postal package)主要有中国邮政小包、英皇邮政小包、德国邮政小包、瑞士邮政小包、荷兰邮政小包、中国香港邮政小包、比利时邮政小包和新加坡邮政小包等,通过几乎覆盖全球的各国邮政网络系统投递,优点是价格低而且清关便利,还会有税收补贴,这主要归功于万国邮政联盟(Universal Postal Union,UPU)和卡哈拉邮政组织(Kahala Post Group,KPG)。

万国邮政联盟成立于 1874 年,总部位于瑞士,1978 年成为联合国的专门机构。卡哈拉邮政组织在万国邮联的基础上成立,2002 年,中国、美国、澳大利亚、日本、韩国等于夏威夷卡哈拉召开 CEO 高峰会议,会后成立卡哈拉邮政组织,KPG 对成员国投递时限有严格要求。KPG 优点是:价格低,通关效率高,在检验检疫方面有优先权。适用于单价低、产品附加值低、货值低、体积小、重量轻且对时效要求不高的商品。例如,从中国往美国的邮政包裹,一般 15 天以内可以到达。其缺点是:时效慢、信息可视化程度低、丢包赔偿问题等。具体来说欧美国家的时效一般为 10 至 30 天;俄罗斯、乌克兰、白俄罗斯这些新兴电商国家,时效一般为 25 到 40 天;巴西、智利、阿根廷等南美国家时效一般为 35 到 60 天,如果遇到旺季,时间还会延后,如巴西和俄罗斯常会出现 90 天以上未投递现象。挂号的国际邮政小包可视化信息可能不完整,如巴西由于当地物流发展水平特别低,当货物到达巴西境内后便无法追踪,会出现 25 到 40 天无任何可视化信息的情况;非挂号的国际邮政小包,一般没有任何货物的实时跟踪追溯信息。

二、国际商业快递模式

常见的物流供应商包括 UPS、FEDEX、DHL、TNT、DPD 等。国际商业快递(international business express)一般通过自有或租赁的机队、航空中转站以及陆运车队等组建自己的配送网络,拥有现代化信息管理系统。国际商业快递在世界各地有自己成熟的覆盖网络,可针对不同企业需求定制一套完善的国际物流解决方案;通过自建的全球网络,利用强大的 IT 系统和遍布世界各地的本地化服务,为网购中国产品的海外用户带来极好的物流体验。其优点是运输速度快、丢包率低、服务完善、信息实时、追溯能力强。全球综合性国际物流企业一直擅长为跨境电商企业提供长期专业的服务,解决方案涉及跨境电商供应链中的多个环节。例如,通过 UPS 寄送到美国的包裹,最快可在 48 小时内到达。其缺点是费用高、对货物品性以及包装要求非常严格。

三、国际专线物流模式

常见的物流服务可以由干线物流和派送服务搭配。干线物流可以分为空、海、铁、卡,常见的派送服务可分为快递派送和卡车派送。国际专线物流(international special line logistics)指国际物流公司或跨国企业开通国际货运专线,把货物从始发国直接运送至目的国的运输方式。国际专线物流模式主要有五种方案:第一种是航空国际专线物流,如环游国际物流、铭恩物流、阿里巴巴的中俄通等;第二种是港口国际专线物流,如传统的国际亚欧专线、中俄专线等;第三种是多式联运国际专线物流,如马士基集团、中铁国际多式联运、三联集团等;第四种是铁路国际专线物流,如汉欧班列、湘欧班列、郑欧班列、渝新欧等;第五种是大陆桥国际专线物流,如深圳捷递国际物流、满洲里俄路通等。目前国际物流供应商主推的专线有澳洲国际专线物流、欧洲国际专线物流、美国国际专线物流、俄罗斯国际专线物流等,也有供应商采用避强战略,推出竞争较少的南美国际专线物流、中东国际专线物流以及南非国际专线物流等。

专线运输模式有以下优点:运输成本较低;运送速度稳定;丢包率可控;通关效率高;清关能力强。适合长期专注于某个国家的市场。其缺点包括货量要求较高,国内覆盖范围有限,国外线路不可控因素多,单个消费者退换货需求难以实现。

四、海外仓模式

常见的主要有"自建海外仓、平台海外仓、第三方海外仓（物流公共、卖家自有/公共）"。海外仓指在本国以外的海外国家建立仓库，在贸易目的国给卖家提供仓储、包装、分拣以及派送等一站式服务的模式，涉及卖家发货到客户收到货物整个流程，一般分为头程运输（卖家将商品运至海外仓库）、海外仓储管理（通过物流信息系统实时管理库存）、尾程配送（根据订单信息，通过本地物流系统将商品派送给买家）。

此模式的优点是物流周期缩短、订单派送效率提高、派送本土化、销售品类增加、用户体验提升、重复购增加，此模式代表未来的发展趋势，例如大型家具等产品采用海外仓模式的比较多。其缺点是货物滞销风险大、仓储及管理成本高。

下文详细剖析海外仓三种模式的优缺点：

一是自建海外仓模式。自建海外仓的卖家拥有对整个物流过程的控制权，可以实现本土配送，给消费者更好的购物体验。然而由于各国法律、经济、政治、文化习俗等差异，自建海外仓在海外员工及仓库管理上面临诸多挑战。海外仓建仓费用高，跨境海外仓属于技术及资金密集型产业；海外仓的基本特征是仓储、仓库的建设和管理都需要高昂费用，当前我国大部分海外仓集中在英国、美国、德国、日本、澳大利亚等发达国家，人力成本高，比如美国仓库工人的工资是国内的五倍以上，而且海外仓的租金费用也高，如英国海外仓年租金为每平方米100～125美元，美国为100～120美元每平方米，德国为60～100美元每平方米，澳大利亚则要在130美元以上，且不包含水电等费用。海外仓建设需投入大量资金，包括建材购买，软硬件设备采购，仓库设计费、施工费、安装调试费以及各种人工成本,需要占用大量的流动资金,适合销量大、资金周转快的商品以及规模比较大的跨境电商企业,且要根据自身实际情况而不能盲目跟风采用。

二是跨境电商平台海外仓模式。由跨境电商贸易平台和国际物流服务商提供完整的物流体系,主要代表如亚马逊平台的 FBA 模式。优点是平台经验丰富,物流体系完善,可针对目的国不同的政治、经济、文化、法律习俗等定制物流方案,有效整合国内、国际以及目的国的物流资源,优化并完善供应链服务,从而使配送时效更快、客户体验更好,有助于销量的提升;缺点是库存成本高,滞销退回国内的费用高,旺季时仓位无法保证等。

三是第三方海外仓模式。该模式下主要有两种方法,一种是租用,优点是可以降低企业投入的资金成本,对于租用海外仓的商家而言,减少了自建的成本。另一种是与第三方合作建设海外仓。与第三方合作建海外仓的商家,也不用独自承担建仓费用,而且可以获得第三方海外仓企业更为专业化的服务,降低运营风险。缺点是会丧失对海外仓的部分控制权。

表 7-1 对这四种主要跨境物流模式的优劣势和适用性做了一个完整的对比和分析。

表 7-1 四种主要跨境物流模式对比和分析

模式	优势	劣势	适用性
直邮包裹	价格低,通关能力强,通关效率高,在检验检疫方面有优先权,拥有几乎覆盖全球的网络	对商品的种类、体积、重量有严格要求,时效慢,信息可视化程度低,丢包一般不能获得赔偿	客单价低、产品附加值低,货值低、体积小、重量轻且对时效要求不高的商品
国际商业快递	时效快,服务好,丢包率低	价格高昂,资费变化大	价值高、重量轻、客单价高、产品附加值高、对时效要求高的商品

续表

模式	优势	劣势	适用性
国际专线物流	规模优势可以降低成本,增强价格竞争力;价格低于国际商业快递但高于国际邮政小包,时效性介于国际商业快递和国际邮政小包之间;通关效率高、清关能力强	国内线路时效性可以保障,国外线路不可控因素多,会导致配送时间延迟;由于国际专线物流采用大批量集中运输模式,所以逆向物流难;国内覆盖范围有限	如果跨境电商企业长期专注于某个国家的市场,可优先考虑国际专线物流
海外仓	有利于缩短国际物流周期、优化售后服务、提高消费者满意度	货物滞销风险大,如果对贸易国市场需求预测失误,会使产品滞压、仓储及管理费增加	资金实力强,销量高且稳定,希望提升消费者满意度并致力于长期发展的企业

五、其他物流模式

除了四大模式,新兴的跨境电商物流模式还有第三方物流(the third party logistics,3PL)、国内快递等。第三方物流是指企业将物流业务通过合同外包的形式转给第三方物流服务企业,通过信息系统与第三方物流企业进行沟通以及数据交换的管理方式。在风险可控的范围内,该模式有助于企业专注于公司核心业务,降低国际物流成本。

国内快递主要指顺丰和"四通一达"等积极参与跨境物流布局的国内快递企业。其中顺丰已相对成熟地涉足美国、澳大利亚、韩国、日本、新加坡、马来西亚、泰国、越南等国家,发往亚洲国家的快件一般 2～3 天可以送达。美国申通已上线,圆通2014 年也已经启动,中通、汇通、韵达则刚刚起步。

第四节　跨境电商主要海关监管代码简介

目前跨境电商涉及的海关监管代码主要有 9610、1210、9710、9810。为了方便读者理解各种代码的区别,我们同步将 0110(一般贸易)和 1039(市场采购)做个介绍,见表 7-2。

表 7-2　主要海关监管代码介绍

类型	监管代码	说明	具体业务模式
跨境 B2B	9710	跨境 B2B 直接出口	境内企业通过跨境电商平台与境外企业达成交易后,通过跨境物流将货物直接出口至境外企业
	9810	跨境 B2B 出口海外仓	境内企业将出口货物通过跨境物流送达海外仓,通过跨境电商平台实现交易后从海外仓送达购买者
	0110	般贸易模式	传统 B2B 出口申报
	1039	市场采购模式(小商品出口)	符合条件的经营者在经国家商务主管部门认定的市场集聚区内采购的、单票报关单商品货值 15 万(含 15 万)美元以下、并在采购地办理出口商品通关手续的贸易方式
跨境 B2C	9610	直邮模式	即 B2C 企业对个人出口。跨境电商平台与境外个人达成交易。该模式能够化整为零,灵活便捷满足境外消费者需求,具有链路短、成本低、限制少的特点
	1210	保税电商模式	境内企业把生产出的货物存放在海关特殊监管区域或保税监管场的仓库中,即可申请出口退税,之后按照订单由仓库发往境外消费者。电子商务零售进出境
	1239	保税电商A模式	与 1210 监管方式相比,1239 监管方式适用于境内电子商务企业通过海关特殊监管区域或保税物流中心(B 型)线进境的跨境电子商务零售进口商品

2014 年海关总署第 12 号公告中为促进跨境贸易电子商务零售进出口业务的发展,方便企业通关,规范海关管理,实现

贸易统计,决定增列海关监管方式代码 9610,同年又新增 1210 监管代码。2020 年海关总署发布的第 75 号文件中,新增了 9710/9810 海关监管方式代码。

"9610"全称"跨境贸易电子商务",简称"电子商务",俗称"集货模式",即 B2C(企业对个人出口)。该监管模式能够化整为零,灵活便捷地满足境外消费者需求,具有链路短、成本低、限制少的特点,适用于境内个人或电子商务企业通过电子商务交易平台实现交易,并采用"清单核放、汇总申报"模式办理通关手续的电子商务零售进出口商品。总的来讲,9610 模式主要是服务于"直发货",(境内企业直邮到境外消费者手中)的物流模式。

"1210"全称"保税跨境贸易电子商务",简称"保税电商"。适用于境内个人或电子商务企业在经海关认可的电子商务平台实现跨境交易,并通过海关特殊监管区域或保税监管场所进出的电子商务零售进出境商品[海关特殊监管区域、保税监管场所与境内区外(场所外)之间通过电子商务平台交易的零售进出口商品不适用该监管方式]。"1210"监管方式用于进口时,仅限经批准开展跨境贸易电子商务进口试点的海关特殊监管区域和保税物流中心(B 型),用于保税模式下的物流进出口申报。以"1210"海关监管方式开展跨境电子商务零售进出口业务的电子商务企业、海关特殊监管区域或保税监管场所内跨境电子商务经营企业、支付企业和物流企业应当按照规定向海关备案,并通过电子商务平台实时传送交易、支付、仓储和物流等数据。

"9710"全称"跨境电商 B2B 直接出口",适用于跨境电商 B2B 直接出口的货物,全称"跨境电子商务企业对企业直接出口"。该监管方式适用于跨境电商 B2B 直接出口的货物,具体是指境内企业通过跨境电商平台与境外企业达成交易后,通过跨境物流将货物直接运送至境外企业或海外仓。这里的跨境电商平台包括亚马逊、eBay、Wish、速卖通、阿里巴巴、敦煌等以及自建站。

"9810"全称"跨境电子商务 B2B 出口海外仓",简称"跨境电商出口海外仓",适用于跨境电商出口海外仓的货物,该监管模式下境内企业可以先将出口货物通过跨境物流送达海外仓,通过跨境电商平台实现交易后从海外仓送达境外购买者,然后根据海关要求传输相关电子数据。

"0110"适用境内企业与境外企业通过传统贸易方式达成交易,也就是一般贸易直接出口。出口企业在一定条件下可享受国家出口退税优惠政策。企业出口报关时需要随附委托书、合同、发票、提单、装箱单等单证。

"1039"是指"市场采购"贸易方式,具体指符合条件的经营者在经国家商务主管部门认定的市场集聚区内采购单票报关单商品货值 15 万(含 15 万)美元以下商品、并在采购地办理出口商品通关手续的贸易方式。从事市场采购贸易的对外贸易经营者,应当向市场集聚区所在地商务主管部门办理市场采购贸易经营者备案登记,并按照海关相关规定在海关办理进出口货物收发货人备案。对外贸易经营者对其代理出口商品的真实性、合法性承担责任。经市场采购商品认证体系确认的商品信息应当通过市场综合管理系统与海关实现数据联网共享。对市场综合管理体系确认的商品,海关按照市场采购贸易方式实施监管。通俗点讲,1039 这种出口方式就是专门为中小出口企业量身定做的一种贸易方式,目前玩具、日用品、家具、五金、服饰等商品采用 1039 模式的比较多,因为多数经营者的财务进项不足。

9710/9810 模式一般分为清单模式和报关单模式,清单模式更接近于 9610 的要求,更加适用于没有采购发票的出口货物类型;报关单模式更接近于 0110 等一般贸易出口申报模式,对于有外贸基础的跨境电商企业而言,操作模式与一般贸易相似,见表 7-3。

表 7-3　9610、9710、9810 及 0110 代码对比

项目	跨境电商 B2B 出口（9710、9810）	一般贸易出口（0110）	跨境电商 B2C 出口（9610）
适用对象	境内跨境电商企业与境外企业通过跨境电商平台达成交易	境内企业与境外企业通过传统贸易方式达成交易	境内跨境电商企业与境外消费者通过跨境电商销售平台达成交易
随附单证	直接出口:订单、物流单 出口海外仓:订仓单、物流单	委托书、合同、发票、提单、装箱单等	三单:订单、物流单、收款信息
通关系统	单票超过 5 000 元人民币或涉证涉税涉检的,通过 H2018 系统通关; 单票低于 5 000 元人民币且不涉证不涉税不涉检的,可通过 H2018 系统或跨境电商出口统一版通关	通过 H2018 系统通关	通过跨境电商出口统一版系统通关
简化申报	跨境电商出口统一版系统申报清单无需汇总申报报关单。其中,综试区不需出口退税的清单,可申请按 6 位 HS 编码简化申报	无	综试区不涉证不涉税的商品可按 4 位 HS 编码简化申报
物流	可适用转关或直接口岸出口模式,通过 H2018 系统申报的可适用全国通关一体化	可适用直接口岸出口或全国通关一体化	可适用转关或直接口岸出口模式
其他	可安排优先查验		

备注:H2018 系统是指实现关检融合统一作业的单一窗口系统。

跨境电商涉及的通关管理如图 7-2 所示。

图 7-2 通关管理系统

第五节 浅析跨境电商物流未来发展趋势

2015 年杭州作为第一个跨境电商综合试验区试点以来，全国跨境电商呈现直线上升,5 年完成跨境电商销售 10 倍增长,已然成为我国外贸的重要力量,是外贸品牌建设的重要途径。2021 年跨境电商领域发生好多大事件,比如:达到销售额高峰,物流价格占比不断突破新高;亚马逊平台封号事件;跨境直播应声而起;资本纷纷关注跨境企业等等。这些事件预示着跨境电商要进一步加快合规化、品牌化和可持续高质量发展,跨境电商物流也应进一步协同发展,不断提升物流时效,强化物流海外仓功能衍生,打造全流程解决方案。

跨境电商涉及经济生产的"生产端、物流端、贸易端"三大板块。随着跨境电商的快速发展,跨境电商出口已经从"一条线的产业"[图 7-3(a)]成长为"一个面的生态"[图 7-3(b)],其中最为核心的体现就是跨境电商发展让"生产端、贸易端、消费端"三端从线状转变为面状。同时随着业态的进一步发展,我们将看到未来以品牌为依托打造供给侧改革下的立体化模型[图 7-3(c)]。

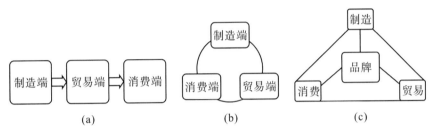

图 7-3 "三端一侧"发展演变图

相对应的物流模式,也从"货代"(头层物流)到"全链条"(跨境海外仓物流)到"美森"(跨境品牌物流)模式的不断推动。作为想转型或介入跨境电商物流的学习者,我们建议可以尝试在以下几个方面展开自己对未来跨境物流的想象。

思考一:物流效率随着物流技术不断提升。由于海底磁悬隧道的实现,未来是否可实现全球物流一日达呢?正如我们国内江浙沪包邮一样,以后跨境电商物流是不是可比肩欧美包邮等?

思考二:随着人工智能等技术的进步,数字化协同不断发展突破,海关报关系统、检验检疫系统以及各类系统将有哪些变化?

思考三:物联网技术不断提升,具体比如无人驾驶技术的广泛应用,是否可实现跨境电商物品全程无人化运作?

思考四:还有哪些未来技术和跨境电商业态的变化会给我

们跨境电商物流带来新的机遇和挑战？

随着未来数智化时代的到来，跨境电商物流将和传统国际货运代理行业融合发展，成为国际物流或全球供应链协同物流的重要组成部分。

◉ 附录

本章专业知识

一、商业快递、EMS、航空包裹直发模式对比表

物流方式		服务介绍及优势线路	计费方式	费用比较	运输时效	收货期	货物跟踪	适用产品
商业快递	UPS	世界最大快递公司，强势线路包括美洲、日本	• 实重和体积重取高者计费 • 高公斤段按单位价格计费 • 每月更新燃油附加费 • 有偏远地区附加费等杂费	较贵	2～5天	23天	• 官方网站查询； • 信息准确； • 可通过参考信息查询	• 货物价格较高 • 对运输时效性要求较高 • 追求质量和服务
	DHL	欧洲最大的快递公司，强势线路包括欧洲、西亚、中东						
	FE-DEX	美国快递公司。东南亚价格、速度优势明显；美国、加拿大也较有优势						
	TNT	荷兰最大的快递公司；西欧国家清关能力较强						

续表

物流方式		服务介绍及优势线路	计费方式	费用比较	运输时效	收货期	货物跟踪	适用产品
中国邮政EMS		邮政渠道的国际特快专递,在各国(地区)邮政、海关、航空等部门均享有优先处理权	• EMS直达国家只按实重计费,无燃油附加费,无偏远地区附加费 • 非直达国边去实重和体积重高者计费,有6%燃油附加费	中等	5～8天	27天	官方网站查询	• 运输时效性要求一般 • 货物体积相对较大 • 比较注重运输成本
航空包裹	中国邮政	通过中国邮政或中国香港邮政将货物发往国外。到达买家所在的国家之后,通过当地的邮政系统送达买家手中	• 只以产品包装后的实重计费 • 小包首重和续重都以100克计,大包首重和续重都以1千克计 • 无偏远地区附加费 • 无燃油附加费	较低廉	7～14天	39天	• 挂号后才可以跟踪 • 出境后许多目的国家无法跟踪 • 查询的周期很长	• 对运输成本较敏感 • 运输时效性要求不高 • 货物体积较大 • 货物价值较低
	香港邮政							

二、国际快递的常用计算方法

• 国际快递一般以每0.5 kg为一个计费重量单位,大货21 kg以上以1 kg为一个计费重量单位。国际快递物品的重量,以第一个0.5 kg为首重,每增加0.5 kg为一个续重。不足0.5 kg的按0.5 kg算。21 kg以上无首重,按每kg计算(EMS除外,都按0.5 kg计算)

• 首重与续重:国际快货品的寄递以第一个0.5 kg为首重

(或起重),每增加 0.5 kg 为一个续重。通常起重的费用相对续重费用较高。

· 实重与材积:是指需要运输的一批物品包括包装在内的实际总重量称为实重;当需寄递的物品体积较大而实重较轻时,因运输工具(飞机、火车、船、汽等)承载能力及能装载物品体积所限,需量取物品体积并折算成重量,以此作为计算运费的重量,称为体积重量或材积。体积重量大于实际重量的物品又常称为轻抛物/轻泡物。

· 体积重量计算:重量(kg)=长(cm)×宽(cm)×高(cm)/5 000。

· 规则物品:重量(kg)=长(cm)×宽(cm)×高(cm)/5 000。

· 不规则物品:重量(kg)=最长(cm)×最宽(cm)×最高(cm)/5 000。

· 计费重量:按实重与材积两者的定义与国际航空货运协会规定,货物运输过程中计收运费的重量是按整批货物的实际重量和体积重量两者之中选高的计算。

· 通用运费计算公式:

(A)当需寄递物品实重大于材积时,运费计算方法为:

首重运费+[重量(公斤)×2-1]×续重运费

例如:7 kg 货品按首重 20 元、续重 9 元计算,则运费总额为:20+(7×2-1)×9=137(元)

(B)当需寄递物品实际重量小而体积较大,运费需按材积标准收取,然后再按上列公式计算运费总额。

求取材积公式如下:规则物品:长(cm)×宽(cm)×高(cm)/5 000=重量(kg)。

不规则物品:最长(cm)×最宽(cm)×最高(cm)/5 000=

重量(kg)。

(C)国际快件还会加上燃油附加费,比如 DHL 快递此时的燃油附加费为 16%,还需要在公式(A)的结果加上:运费×16%燃油附加费,一般会同运费一起打折。

三、无票免税和核定征收基本概述

问:9610 出口的无票免征是什么意思?

答:增值税和消费税免征不退,避免了卖家被追征相应税款的风险。

根据财税〔2018〕103 号(《关于跨境电子商务综合试验区零售出口货物税收政策的通知》),对综试区电子商务出口企业出口未取得有效进货凭证的货物,同时符合下列条件的,试行增值税、消费税免税政策:

1.电子商务出口企业在综试区注册,并在注册地跨境电子商务线上综合服务平台登记出口日期、货物名称、计量单位、数量、单价、金额;

2.出口货物通过综试区所在地海关办理电子商务出口申报手续;

3.出口货物不属于财政部和税务总局根据国务院决定明确取消出口退(免)税的货物。

问:9610 出口的核定征收是什么?

答:企业所得税核定征收,解决了卖家无票成本被纳入应纳税所得额的问题。根据国家税务总局公告 2019 年第 36 号(国家税务总局关于跨境电子商务综合试验区零售出口企业所得税核定征收有关问题的公告)

(一)综试区内的跨境电商企业,同时符合下列条件的,试行核定征收企业所得税办法:

1.在综试区注册,并在注册地跨境电子商务线上综合服务平台登记出口货物日期、名称、计量单位、数量、单价、金额的；

2.出口货物通过综试区所在地海关办理电子商务出口申报手续的；

3.出口货物未取得有效进货凭证，其增值税、消费税享受免税政策的。

(二)综试区内核定征收的跨境电商企业应准确核算收入总额，并采用应税所得率方式核定征收企业所得税。应税所得率统一按照 4% 确定。

§ 第八章 §

中欧班列概况

第一节 "一带一路"的起源及中欧班列的诞生

一、"一带一路"简介

"一带一路"(The Belt and Road,缩写 B&R),是"丝绸之路经济带"和"21 世纪海上丝绸之路"的简称,2013 年 9 月和 10 月中国国家主席习近平在出访中亚和东南亚国家期间分别提出建设"丝绸之路经济带"和"21 世纪海上丝绸之路"的合作倡议得到国际社会高度关注。时任中国国务院总理李克强参加 2013 年中国—东盟博览会时强调,铺就面向东盟的海上丝绸之路,打造带动腹地发展的战略支点,加快"一带一路"建设,有利于促进共建国家经济繁荣与区域经济合作,加强不同文明交流互鉴,促进世界和平发展,是一项造福世界各国人民的伟大事业。

"一带一路"依靠中国与有关国家既有的双多边机制,借助既有的、行之有效的区域合作平台,高举和平发展的旗帜,积极发展与沿线国家的经济合作伙伴关系,共同打造政治互信、经济融合、文化包容的利益共同体、命运共同体和责任共同体。"一带一路"沿线各国资源禀赋各异,经济互补性较强,彼此合作潜力和空间很大。政策沟通、设施联通、贸易畅通、资金融通、民心相通等五方面为合作重点。

二、中欧班列的诞生

我国经济规模目前居全球第二,外汇储备居全球第一,优势产业与日俱增,基础设施建设经验丰富,装备制造能力强、质量好、性价比高,资金、技术、人才、管理等综合优势强,这为中国与"一带一路"参与方实现产业对接与优势互补提供了现实需要与重大机遇,更为发展地面丝路、海上丝路、空中丝路注入了强有力的推进剂。中欧班列作为国际铁路运输(以下简称"国际联运")"旗舰版"也由此应运而生,成功围绕政策沟通、设施互联、贸易畅通开展综合性实践,并逐步成为"一带一路"倡议的明星产品,不断向市场化、品牌化演进。

在过去传统国际联运模式下,我国铁路运输目的站主要为中亚五国、蒙古国及俄罗斯。2010 年以前,国内并没有真正意义上的集结中心车站,有出口需求的工厂企业往往就近选择具备海关监管条件的货运站报关出运,货物会在沿途各编组站根据不同去向重新等待编组发运,这导致整体时效性的减弱,且难以把控,加之成本与运距的综合考量,通过铁路将货物发往欧洲国家只能是"纸上谈兵"。而如今,随着中欧班列的诞生,广大从业者有了足够的想象与探索空间。

中欧班列是国际运输服务体系的重大创新,它构建了一条全天候、大运量、绿色低碳的陆路运输新通道。目前铁路运行的线路主要有三条:西部经新疆维吾尔自治区阿拉山口(霍尔果斯)出境;中部经内蒙古自治区二连浩特出境;东部经内蒙古自治区满洲里(绥芬河)出境。相对于传统海空运,中欧班列的运行时间是海运的 1/4,运输价格是航运的 1/5,并且受自然环境影响小、稳定性高,对有一定运量规模和时效性要求较高的产品,具有很强的吸引力。

同时,铁路部门按照"六统一"原则,即统一品牌标志、统一运输组织、统一全程价格、统一服务标准、统一经营团队、统一协调平台,优化组织实施,进一步降本增效、提速增能。它与传统国际联运相比主要凸显了以下三个方面的特点:

一是集成服务。中欧班列以整列(41节车厢,2021年改为50节)形式开行,统一去向,减少了重新编组环节,大幅提高运行效率。同时提供口岸、海关、单证、货物运踪等全程物流集成服务。

二是平台运作。中欧班列多由平台公司按照《中欧班列组织管理暂行办法》实施运作,根据市场需求设计运营线路,对国内外承运、口岸报关等环节进行归口管理,加强协同,将上述资源高效整合后统一推向市场,通过标准化运作,为各行各业提供高适配性的中台服务,使海铁联运、跨境电商、汽车供应链等细分领域的发展得到了有力的支持。

三是枢纽集结。中欧班列在做好整列直达目的地的基础上,逐步推进按成组集结、零散中转等运输组织方式。围绕中欧班列的组织运作,不少开行城市已从服务本地型车站向区域辐射型枢纽中心成功转型,这样不仅有利于针对相同物流需求的服务整合,而且能够带动区域经济的整体发展。

2011年,重庆IT产业链规模初具,但由于地处西部深处,如果把IT产品运到欧洲市场,其物流网络难以满足高时效性的需求,必须尽快打通一个新的物流通道来支撑这一高价值行业在当地的可持续发展。正是在这样背景下,同年3月19日,首列中欧班列满载重庆制造的IT产品,从重庆沿新欧铁路驶向德国杜伊斯堡,开启了国际铁路运输创新发展的序章。

随着重庆中欧班列的开行,成都、苏州、郑州等地陆续成立平台公司运营开行中欧班列。2013 年,郑州开行公共班列,并推出"郑州方圆 1 500 公里以内免费装箱"营销策略,在笔者看来,这一举措拉开了中欧班列走向市场化运营的序幕,在而后若干年,各大班列平台在线路开拓、产品迭代、营销策略等方面的运作愈发成熟,随之而来的便是中欧班列在量、质和形态上不断实现新的突破。2021 年,中欧班列的年开行数量突破 1.5 万列,是 2016 年统一品牌时的 9 倍,年均增长率达 55%。全年运送货物 146 万标准集装箱(以下简称"标箱"),货值 749 亿美元。

三、中欧班列运行情况

历经十余载探索和实践,中欧班列开辟了亚欧陆路运输新通道。截至 2021 年底中欧班列累计开行 4.9 万列,运输货物 443.2 万标箱,通达欧洲 23 个国家 180 个城市,物流服务网络覆盖亚欧大陆全境,成为沿线国家广泛认同的国际公共物流产品。在全球抗击新冠肺炎疫情中打造了国际抗疫的"生命通道",截至 2021 年年底,中欧班列累计发送国际合作防疫物资 1 362万件,10.5 万吨;助力沿线国家企业复工复产。2020 年中欧班列开行 12 406 列,运送货物 113.5 万标箱,同比分别增长 50%、56%;2021 年,开行 15 183 列,运送货物 146.1 万标箱,同比分别增长 22%、29%。中欧班列作为国际互联互通大动脉不断发展壮大,为共建"一带一路"国家、中外企业和各国民众带来实实在在的发展机遇与可见可及的生活变化,得到共建"一带一路"国家的普遍赞誉。

四、中欧班列的品牌与文化

2016 年 6 月 8 日,按照国家发改委和中国铁路总公司(以下简称"中铁")的安排部署,中欧班列统一品牌正式发布启用,统一品牌和标识后的中欧班列当日分别从成都、重庆、郑州、武汉、长沙、苏州、东莞、义乌八地始发。今天,我们经常可以在新闻中、场站内、高速公路上看见印有"中欧班列"标识的集装箱,其对应的英文标识为"CR Express",意为"China Railway Express";无论班列最终目的地是欧洲各国、中亚、俄罗斯,还是后期开行的东南亚去向的老挝、越南,都以"中欧班列"统称。为更好地借助中欧班列这一载体传承和弘扬丝绸之路友好合作精神,广泛开展文化交流,不少城市平台赋予了中欧班列以文化底蕴,彰显城市个性、文化自信,如中欧班列"长安号""红古田号""进博号""长江号"等。

第二节　中欧班列航线

中欧班列的运输模式包括以下几种:

(1)全程运输。是指经由平台、境外运输代理以及中铁商定路线和方案,组织点到点的运输模式,铁路运单是全程国联运单。全程班列运输只能有单一目的站,境外代理承接运输的时候也是采用整列站到站的方式。

(2)半程运输。是指经由平台以及中铁可接受的国内运输路线,铁路运单为国联运单,国内只负责运输到边境口岸,境外段换装及运输由收货人委托的境外代理实施,或委托境外代理运输。运输目的站不做限制。

(3)混编运输。是指平台组织运输有不同目的站的货物,在该模式下,班列自口岸出境后会按相同目的站重新编组发运。

一、中欧篇

截至 2021 年底,中欧班列累计开行 4.9 万列,运输货物 443.2 万标箱,通达欧洲 23 个国家 180 个城市,物流服务网络覆盖亚欧大陆全境,成为沿线国家广泛认同的国际公共物流产品。

(一)中欧班列主要运输线路

(1)"长安号":西安—阿拉山口/霍尔果斯—哈萨克斯坦—白俄罗斯—波兰—德国汉堡/杜伊斯堡。

"长安号"开行量、重箱率、货运量等主要性能指标在国内连续保持领先地位。目前已向西开通 11 条中欧航线和 4 条中亚航线,欧亚地区的全覆盖已基本实现;有经加里宁格勒出口纽斯的德国快线,有经马拉舍维奇出口汉堡/杜伊斯堡/布达佩斯的精品线路,有经罗斯特克出口的维也纳/赫尔辛基/塔林等南北欧分拨线路,以及经扎霍尼口岸出口的维也纳/米兰/伊斯坦布尔的中东欧线路,产品线路众多。

"德国快线"是目前全国首列常态化开行至维尔纽斯的国际货运班列,也是目前全球最快的中德货运国际铁路通道。从西安到达立陶宛的维尔纽斯仅需 8 天,从西安至 9 400 公里外的德国纽斯仅需 10～12 天。2021 年中欧班列"长安号"开通了西安至巴黎瓦朗通的去程、回程班列,目前该线路增加了里昂、波尔多两个下货站,覆盖法国全境,全程时效在 20 天左右。

(2)渝新欧:重庆—阿拉山口/霍尔果斯—哈萨克斯坦—白俄罗斯—波兰—德国汉堡/杜伊斯堡。

在国内市场竞争日趋国际化、跨国公司逐渐本土化的背景下,重庆拥有丰富的劳工资源,承接了大量的欧洲出口加工订单,对物流通道的需求更加迫切。由于产品生命周期呈现棘轮效应、产品附加值较高、订单金额较大等特点,出口产品物流成本和物流环节起着举足轻重的作用。在此背景下,"渝新欧"作为重庆至欧洲的国际铁路大通道,在欧洲对华贸易中扮演了重要角色。目前,从重庆团结村到德国杜伊斯堡站,大约只需要15天的时间。德国—重庆的回程班列的稳定开行,也将有助于重庆后期引进欧洲的高端设备和电气设备,提高产品效率和质量,提高出口层次,促进重庆本土产业的升级和创新。

(3)蓉欧快线:成都—阿拉山口/霍尔果斯—哈萨克斯坦—白俄罗斯—波兰罗兹/荷兰蒂尔堡。

蓉欧快线从成都城厢站出发至波兰罗兹大概全程 9 900公里,其单程运输时间已缩短至 11 天,是所有中欧班列中运输时间最短的。除了功能上的完善,成都中欧班列多式联运"一单制"还积极拓展使用范围,将商品范围从 IT 产品扩展到木材、红酒等领域。例如:利用恒温冷藏箱,将成都(温江)花木通过中欧班列出口欧洲,仅需 13 天即可到达荷兰等城市,比海运节省 20 天左右的时间,大大提高了运输效率,降低了运输时间和成本。

(4)郑新欧:郑州—阿拉山口/霍尔果斯—哈萨克斯坦—白俄罗斯—波兰—德国汉堡。

从郑州圃田站始发至德国汉堡站,全程 10 245 公里,运转时刻约 15 天。货源来自河南、山东等中东部省市。货品品种范围广泛,包含轮胎、定制服装、工艺品等等。郑州—汉堡线开通已有 3 年时间,列车运行频率高、速度快、港口多、集运半径大。

(5)汉新欧:武汉—阿拉山口/霍尔果斯—哈萨克斯坦—白俄罗斯—波兰—德国汉堡/杜伊斯堡。

从武汉吴家山站始发,到波兰、捷克斯洛伐克等国家,全程10 700公里左右,时效约15天。货源是武汉出产的笔记本电脑等消费电子商品,以及湖北周边地区的其他货品。"汉新欧"亚欧铁路国际货运专列的开通,是武汉继国际航空、江海直达航线之后开辟的一条武汉直达欧洲的陆上货运大通道。由武汉开往捷克的"汉新欧"铁路国际货运专列,运输时间比水运缩短一半以上,而运费则远低于航空运输,性价比非常高。

(6)苏满欧:苏州—满洲里—俄罗斯莫斯科—波兰。

从苏州始发至波兰华沙站,全程11 200公里,时效约15天。苏州是中国"长三角"核心地区,已成为我国非常有影响的电子信息产业基地和IT产业重镇。货源为苏州本地及周边的笔记本电脑、平板电脑、液晶显示屏、硬盘、芯片等IT商品。"苏满欧"作为运输纽带,助力中国高科技的电子产品打开欧盟国家市场。

(7)义新欧:义乌—阿拉山口/霍尔果斯—哈萨克斯坦—白俄罗斯—波兰—德国杜伊斯堡—西班牙马德里。

义乌—马德里是我国史上行程最长、途经城市和国家最多、境外铁路换轨次数最多的火车专列,全程13 052公里,时效约21天,贯穿了新丝绸之路经济带。其出口商品多元化,由最初的义乌小商品扩展到服装、箱包、五金工具、电子产品等近2 000种商品。货源地从浙江扩大到整个华东、华南区域,包括安徽、上海、福建等省市。"义新欧"班列在沿线各国建立物流分拨中心,形成强大的物流网络辐射能力。

(8)合新欧:合肥—阿拉山口/霍尔果斯—哈萨克斯坦—白俄罗斯—波兰—德国汉堡/诺伊斯。

合肥中欧班列在途时间稳定可控、手续简便、安全优质、价格优惠,不断加强对欧盟市场的覆盖,构建了多线路、多口岸、强联动、高覆盖的国际物流大通道。合肥国际陆港创新"坐商变行商"营销模式,坚持"立足合肥、服务安徽、辐射长三角"的总体定位,切实服务本土企业走出去。先后开辟合肥中欧班列"＋阜阳""＋芜湖""＋宣城""＋黄山"等城际定向班列,服务范围已覆盖全省 16 个地市,安徽企业本土化率超过 65％。例如,合肥中欧班列"陆上丝路"与黄山绿茶强强联手,为黄山茶叶出口开辟了一条全新的陆路物流通道,将进一步推动茶产业的出口与转型升级,加速"万里茶道"融入"一带一路",开行独具安徽特色的中欧班列。

＊波兰马拉舍维奇作为波兰最大的一个换装站,是中国货物进入欧洲腹地的重要通道。传统线路模式下,班列一般由阿拉山口/霍尔果斯口岸出境,经俄罗斯、白俄罗斯,进入波兰,最后由波兰铁路运输至欧洲腹地。

(二)创新举措

近年来,中欧班列发展迅猛,各平台为缓解拥堵、规避地区冲突风险,借助愈发成熟的班列产品,推出了更多适合不同需求的海铁联运和快线全铁等物流产品,确保时效性,同时帮助工厂企业规避了一些突发和潜在的安全风险。

1.铁海联运

海铁联运顺应了中欧班列更高质量、外向型发展的需求,不仅能够极大促进"一带一路"及国际多式联运发展新格局,更能为国际中转贸易提供更多方案,大大提高转口贸易效率。例如,由阿拉山口/霍尔果斯铁路口岸出境,经由俄罗斯加里宁格勒口岸,再通过铁海联运的模式转运至德国罗斯托克港。罗斯托克港是波罗的海沿岸的重要货运枢纽港口,货物在罗斯托克港可以通过船运、铁路及公路辐射欧洲北部、中部以及南部的意大利和西部的英国伦敦,实现快速可靠的运输。铁海联运是对海铁联运"一单制"和铁路运单"物权化"进行的新尝试。相较于传统运输线路,加里宁格勒—罗斯托克线可以大大节约运输时间,提高运输时效,避开波兰马拉舍维奇和白俄罗斯布列斯特等节点的口岸拥堵,缓解杜伊斯堡方向货物拥堵问题,货物也可以在北欧实现迅速分拨。

2.快线全铁

中欧快线全铁是基于传统运输路径的进一步优化,也标志着中欧班列由量到质的转变。快线班列大多经霍尔果斯口岸出境换装后,沿哈萨克斯坦、俄罗斯、白俄罗斯、立陶宛行驶,并在俄罗斯加里宁格勒进行二次换装进入欧洲腹地。这一方案避开了马拉舍维奇这一过境堵点,并最大限度地利用宽轨铁路延伸优势,由此综合积累起了时效优势。目前西安陆港集团多式联运公司已开通运营纽斯、维尔纽斯、科隆、巴黎等快线产品线路,运输时效较传统线路能够缩短 5～7 天。

3.应对俄乌局势

自 2022 年 3 月俄乌局势迅速升级后,战火、制裁与反制裁影响了全球经济的多个领域。俄罗斯和乌克兰在欧亚大陆处于重要的地理位置,中欧班列又是中国与欧洲陆上货运最主要的通道,这条丝绸之路上的"钢铁驼队",一面连接着中国,一面连接着欧洲 20 多个国家,俄乌两国均在其中。

为了规避战争风险,各平台立即暂停了过境乌克兰的线路,一方面临时更改了路线方案,以布达佩斯班列为例,原西安—阿拉山口—扎霍尼(乌克兰南线)—布达佩斯一线改道阿拉山口—马拉舍维奇(白俄罗斯—波兰北线)—布达佩斯;另一方面是提供新路线,多渠道多路线同时进行。例如,开辟中欧班列跨里海通道,从土耳其(巴库—第比利斯—卡斯尔)进入欧洲境内。同时各个平台也推出了一定货值范围内的战争险赠送服务，为在途货物提供保障，减轻贸易商的后顾之忧。

(三)延伸服务

尽管目前中欧班列已实现点对点直达德俄法等 16 个国家，包括华沙、汉堡、布拉格、巴黎、赫尔辛基等 72 个国际站点，基本实现了对欧洲大陆全覆盖，但第三方物流服务商依然要面对个中复杂的物流环节，根据不同国家和地区的订单规划不同的运输策略。而在物流方案实施过程中，仍将面对途经国政策变化、运输价格波动及各种不可抗力因素的动态影响，对全过程信息掌控和各环节物流资源高度、灵活整合的能力都是极大的考验，可谓多式联运"试金石"。笔者有幸到访和辅导过国内诸多多式联运大型企业，他们都热衷于优化"站到站"和"门到门"的全流程方案，充分利用现有的物流设施，为广大客户提供保姆式、定制化的延伸服务，使运输效率达到最优，运输成本最低。例如，货物到站后 DAP(目的地交货)到门业务。

(四)接续及延续班列

接续班列是依托铁路运输完成城市之间的货物集结与分流，既能减少集卡司机流动带来的风险，又能有效解决国内集货问题，降低出口前端和进口末端的运输成本。接续班列极大拓展了中欧班列的辐射和覆盖范围，同步带动中欧班列主要平台周边城市的经济贸易发展。例如，针对双江流域的货源，通过襄阳接续西安发运欧洲的中欧接续班列方案，更好地贴合出口贸易商的时间窗口，"一站式"物流服务使企业更加专注高质量生产。

(五)中欧班列拼箱业务

相较于整箱运输，拼箱业务涉及的物流运输业务环节全，所需物流环节资源众多，其运作质量与规模是货代企业能力与市场地位的体现。由于具有货源分散、货品繁杂、计划性不强等特点,中欧班列拼箱产品的打造往往需要同时在境内外段获取以下资源的全方位支持:一是能够为任何类型的货物提供高质量运输服务的散货车队;二是拥有集散货仓储、装拆箱服务为一体的综合管理完善的仓库资源;三是报关经验丰富、业务能力过硬的报关行人才;四是能够解决突发状况,提供临时解决方案的优质地面服务团队;五是能够拥有稳定的班列舱位资源,以规模化运作积累服务经验,不断提升服务质量。

目前市场上比较成熟的中欧班列拼箱服务的境外主要目的站有波兰华沙,而德国的汉堡和杜伊斯堡、捷克的布拉格、匈牙利的布达佩斯,也都是中欧班列拼箱货物的几个主要去向。境内可以选择的发运站方面,近几年随着国内各地发展中欧班列而多点开花,除了原先的西安、郑州、合肥,重庆之外,近两年成都、武汉等地的拼箱业务也相继开展。

以西安—马拉舍维奇—华沙仓库的中欧班列拼箱物流方案为例,货物在西安指定仓库集货后须在班列规定的时间节点完成装箱送站、上传资料以及报关等必要的发运前手续。待发车后,物流服务商向客户签发目的地仓库提货单,及时跟进班列运踪,并与境外段代理商对接班列情况、货品信息、相关资料以及提箱注意事项等。待班列到达马拉舍维奇后,境外段代理商将进行转关、提箱至华沙仓库、拆箱分货、通知客户提货等步骤。客户凭提货单提货签收之后,运输任务完成。客户在订舱时也可以向货代公司提出需要境外送货到门的服务(DAP或DDU条款)。

二、中亚篇

中欧班列—中亚线(以下简称"中亚班列"),是指自中国或经中国发往中亚五国以及西亚、南亚等国家的集装箱国际铁路联运班列。随着"一带一路"建设向纵深推进,中亚班列展现出了强劲的发展势头,货运量逐年增加,开行态势逐年向好。目前中亚班列口岸有 5 个,分别是连接中亚、西亚的阿拉山口、霍尔果斯口岸,连接内蒙古自治区的二连浩特口岸,以及连接南亚山腰、凭祥的口岸。

近年来,中亚班列不断提速、扩线,实现常态化运行,成为"一带一路"共建国家贸易往来的重要通道。截至目前,全国各个省份基本均已打通至中亚五国等的多条国际物流大通道,国内比较大的几个站点分别为:西安、郑州、连云港、合肥、义乌、金华、南京、石龙、胶州等城市,途经霍尔果斯和阿拉山口,到达阿拉木图、塔什干、阿拉梅金、阿斯塔纳等城市,对促进本区域内企业对中亚地区外贸业务的开展起到了积极的带动作用。

中亚班列货物运行模式主要分为两类:一类是中国的进出口货物(返向亦然),一类是经日本、韩国、东南亚等国过境中国的过境货物(返向亦然)。

2021 年,由于新冠肺炎疫情以及全球海运运费上涨,海运集装箱在国外港口长期滞留,而国内却"一箱难求",部分海运、空运订单开始向铁路转移,中欧、中亚班列的运力增长迅速。为应对随之而来的运力紧张,许多地方政府根据国内进出口企业的实际需求,推出"一对一"定制化班列服务、开发新型线路等惠企措施,并积极推进中亚班列常态化开行,努力降低企业物流成本,培育中国企业参与全球供应链竞争的优势,服务中亚、南亚地区以及国内外双循环的新发展格局。

中亚班列货物流转加快的同时,商品结构也在不断优化。从最初的玩具、日用百货、钢材、陶瓷等中低端产品,逐步转向以通讯、家电、机械设备等为主的中高端产品。货物品类全面,客户群体也不断壮大。不同平台根据货物出口类型提供相关补贴政策,为企业降低运输成本的同时,也促进了出口贸易的多元化发展。

近些年来,中亚进口班列在各地纷纷开行,稳中有进。这一变革直接提高了集装箱的来回周转,在增加市场活跃度的同时也降低了整体物流成本。中亚地区丰富的农副产品、如乌兹别克斯坦的绿豆和棉纱,哈萨克斯坦的大麦、亚麻籽以及铜矿等矿产资源,由阿拉山口和霍尔果斯 2 个口岸进入,通过中亚进口班列运抵中国各站。目前西安、郑州、合肥等站点进口班列已实现常态化运营,同时支持整列及散箱运作,满足不同体量产品的不同物流需求。

三、中俄篇

继 2018 年中俄双边贸易首次突破 1 000 亿美元后,2019年、2020 年、2021 年中俄两国进出口商品贸易、基础设施投资建设等领域合作更接地气,双边货物贸易总额分别达到 1 106.5亿、1 077.7亿和 1 468.7 亿美元。面对全球疫情反复和经济复苏乏力的双重考验,中俄经贸合作逆势前行,实现跨越式发展,中俄贸易增速在中国主要贸易伙伴中位列第一,中国连续 12年稳居俄罗斯第一大贸易伙伴国。

中国对俄罗斯出口的主要商品为机电产品,占俄罗斯自中国进口总额的 47.7%,并占俄罗斯机电产品进口总额的35.8%,高于第二位的德国 24.8 个百分点。中俄机电产品贸易额达 434 亿美元。其中,中国对俄出口汽车、家电、工程机械等保持快速增长。哈弗、奇瑞、吉利等中国品牌汽车在俄销量再创历史新高,华为、小米等中国品牌电子产品受到俄民众青睐。2021 年在贱金属及制品、纺织品及原料、家具玩具杂项制品、塑料橡胶、鞋靴伞等轻工产品、光学钟表医疗设备这六大类商品中,中国商品在俄罗斯进口市场上也占据主要份额,同时,越来越多俄罗斯农产品摆上了中国老百姓的餐桌。

中俄关系历久弥新,中俄贸易日益壮大。俄罗斯作为亚欧大陆桥上兼具枢纽和终端功能的重要节点,是我国共建"一带一路"的重要战略伙伴,这也成为中欧班列——中俄线(以下简称"中俄班列")多元化发展的天然优势。

中俄班列发展至今大致经历了三个阶段:

(1)发展初期。中俄班列始于我国东北沈阳、营口、大连等地。由于北方城市紧邻满洲里口岸,国内各地货物通过水路运输到大连、营口港码头,再以短驳内贸铁路或卡车运输接续至车站集货报关发运。

(2)发展中期。随着苏州带头开启华东地区中俄班列的先河,广州大朗、湖南长沙、四川成都、重庆等地相继开通中俄班列线路。

(3)现行阶段。2019 年,中俄贸易呈现突破性增长,中俄班列需求陡增,全国各个省市都相继申请并开通中俄运输路线,如:南京、南昌、西安、合肥、徐州、厦门、鹰潭、赣州等。至此,我国华南、华东、华北、东北及中西部地区均已开启中俄班列业务。

中俄班列以 41 节车厢成列,50 节满列。由于中俄两国铁轨宽度不同(中国轨距是 1 435 毫米,俄罗斯则采用了 1 520 毫米的宽轨),需要在口岸进行换装运输。目前中俄出口班列常用出境口岸有:满洲里、二连浩特、霍尔果斯和阿拉山口,其中由于满洲里口岸换装运载能力更强,60%~70%中俄班列的货物更倾向于选择该口岸出境。二连浩特口岸作为主要辅助,同时承接蒙古国进口业务。中俄进口班列常用口岸有后贝加尔斯克、纳乌斯基、多斯特克和阿腾科里。

中俄班列沿线主要口岸介绍：

(1)满洲里(铁路)—后贝加尔斯克(铁路)口岸。该对口岸为国际铁路客货运输口岸,分别位于中华人民共和国内蒙古自治区满洲里市和俄罗斯联邦赤塔州后贝加尔斯克区后贝加尔斯克市。目前,经满洲里口岸进出境的中欧班列运行线路达52条,通达欧洲13个国家,28个城市,主要集货地覆盖我国60个城市。2021年4月经该口岸进出境的中欧班列数量突破10 000列。

后贝加尔铁路边境站,站编:947005,是边境换装站,距离莫斯科6 600公里,有两个换装堆场,分别隶属于俄铁集装箱和俄铁物流。后贝加尔斯克口岸公共班列由俄铁城运承运,可接受中欧班列的换装编组运输以及中俄班列的编组运输;除莫斯科外,还可去往叶卡捷琳堡、圣彼得堡、秋明、伊尔库茨克等沿线班列站点。从口岸至莫斯科时效约为8～10天。

(2)二连浩特—扎门乌德口岸。二连浩特铁路终端,是中国通往蒙古国的唯一铁路口岸。铁路口岸现有宽准轨线路117条,其中宽轨为52条、准轨为65条,站区建有机械区、技协、泰达、木四、二连口岸海关监管场所五个仓储作业区,具有仓储、转运、换装等多种功能。各作业区内配有不同吨级的龙门吊、起重机、叉车等现代化的装卸机器。2000年政府投资426万元建成了铁路口岸联合办公大厅,实现"一厅式办公"和"一条龙"服务;2001年,投资3 125万元建成H986货运列车检查系统,进一步改善了铁路口岸基础设施,提高了口岸现代化查验水平。

扎门乌德口岸:蒙古语为Замын-Үүд,意为"道路之门",该口岸是蒙古国东南部与中华人民共和国二连浩特市交界处的一座边境城市,距首都乌兰巴托550公里;是中蒙铁路自中国进入蒙古国后的第一站,也是重要的过境物资转运站之一。

俄罗斯对中国市场有较大的依赖,中国对俄罗斯出口贸易虽然受到了近期俄乌冲突的短暂影响,但目前已经在逐步恢复中,主要出口货物领域还是集中在长三角和珠三角。与此同时,华中华北地区随着"一带一路"中俄班列的相继展开,其对应地区的贸易不断增多,和中俄班列的匹配度也越来越高;目前铁运运输的主要货物品类有纺织品、日常生活用品、科技产品、基础设施设备等。

四、土耳其篇

2019 年 11 月 26 日,一列满载液晶电子屏的班列从西安车站缓缓驶出,拉开了跨里海中欧班列新路线的序幕,此班列路线经由西安,途经哈萨克斯坦、阿塞拜疆、格鲁吉亚、土耳其等数个国家,最终抵达布拉格。这条路线的成功探索为中欧班列"长安号"土耳其线路的开行奠定了基础,在各界努力下逐步实现了班列的稳定运行。截至目前,土耳其路线已经开行近百列,频次为出口每周一列,进口每月两列。该路线成功跨越里海和波斯布鲁斯海峡,将铁路运输与海运相结合,实现真正意义上的国际多式联运,并首次通过海底隧道穿越海峡,进一步降低地理因素对中欧班列发展的限制,有效缓解传统中欧路线的运输压力,同时为中欧路线客户提供更多通道选择。

在 2022 年俄乌冲突背景下,该线路的战略意义尤为突显,部分欧洲贸易商对经由俄罗斯和白俄罗斯的传统中欧班列运输方式持观望态度,班列平台在努力缓解客户担忧的同时也在不断地找寻新的路线,自此跨里海路线成了客户群体较为关注和认可的路线。中国到土耳其的运输路线中增加了一条传统海空运以外的新选择,也让中国"一带一路"的政策惠及横跨欧亚两洲的土耳其。

土耳其是一个横跨欧亚两洲的国家,北临黑海,南临地中海,东南与叙利亚、伊拉克接壤,西临爱琴海,与希腊以及保加利亚接壤,东部与格鲁吉亚、亚美尼亚、阿塞拜疆和伊朗接壤。土耳其地理位置和地缘政治战略意义极为重要,是连接欧亚的十字路口。通过土耳其,可以将运输线路延至黑海和里海周边国家,也可以转至伊拉克北部地区。

中土两国人民的友谊源远流长。两千多年前,举世闻名的"丝绸之路"就是从中国境内逐渐延伸到小亚细亚半岛的。我们两个民族的先人,通过这条古道进行了广泛的交往,并与其他民族一道共同促进了东西方文明的交流和贸易的开展,为早期国际友好关系的建立和发展作出了重要贡献。1971 年,中土两国正式建交。2000 年,中土决定在相互尊重、信任、互利、平等和共同发展的基础上建立更加密切的伙伴关系,两国在政治、经济、文化、科技、贸易等方面的合作关系稳步推进。近年来,在中土两国政府的大力支持和推动下,中土经贸合作一直不断扩大和发展。据中国商务部统计,2000 年中土双边贸易额突破 10 亿美元,2008 年双边贸易额为 125.7 亿美元,8 年之内增长了近 12 倍。

第三节　中欧班列操作流程简介

一、《国际货约》与《国际货协》

亚欧大陆的政府间铁路合作组织有两个,即铁路合作组织

(Organisation for Co-Operation Between Railways，OSJD）和国际铁路货物运输政府间组织（Intergovernmental Organization for International Carriage，OTIF），在各自成员国范围内分别使用"国际货协运单（SMGS 单）"和"国际货约运单（CIM 单）"。跨两个组织成员国之间开展铁路联运的货物，必须在相关边境站重新办理发运并制作新的运输单据。例如，德国（OTIF 成员国）向中国（OSJD 成员国）开行的国际班列，需要在波兰境内将国际货约运单（CIM 单）换成国际货协运单（SMGS 单）。

频繁地换单很大程度上影响了班列的运行时效，既耽误时间，又浪费人力和物力，产生额外费用的同时却未有附加值产生。为解决这一问题，两个铁路合作组织联合制定了"国际货约/国际货协运单"（CIM/SMGS WAYBILL），简称"统一运单"，相当于亚欧大陆国际铁路运输的"统一护照"。

统一运单具有以下特点：一是增加语言种类，除中文、俄文，亦可在英文、德文、法文中择一填写。二是仅统一运送票据，但不改变运输法属性。三是不改变国际货约和国际货协中有关责任、赔偿请求等相关规定。由此能够避免换单对接过程中可能产生的翻译和信息传递错误，减少文件流转，缩短口岸停留时间，节省换单费用。

二、中欧班列操作流程（以出口为例）

一个集装箱从组织到成功发运，从口岸转关到按时到达，需要经过揽货、提货、订舱、进站、报关、方案审批、装车发运、转关、口岸交接、换装、追踪到达、交付清关等诸多环节，环环相扣，任何一个环节出现问题，都会影响班列的正常开行。

（1）揽货：针对铁路运输需求，对物流产品、线路、方案开展宣传和揽货。

（2）提货：根据订单货源地安排就近的提箱点，按照计划路线方案，通过汽运或铁路将货物运至铁路发运站。

（3）订舱：装箱完成后，以集装箱号在铁路发运平台系统订舱，安排铁路发运计划。

（4）进站：与海运进港类似，铁路装箱货柜也需要抵达指定发运车站。进站前，车站人员会针对货物性质、加固安全等因素进行检查，确保铁路运输的安全。

（5）报关：在货物发运之前，完成海关出口申报。

（6）方案审批：不同车站将结合货物的实际装载方式以及加固情况进行审核，以此来判断是否满足集装箱的发运要求。

（7）装车发运：在前述发运前流程就绪后安排装车，场站会逐一对照标准检查集装箱底梁、箱体、超重、偏载等情况。

（8）转关：此环节是指货物到达出境口岸时，边境海关依据相关流程进行出口转关申报，予以货柜放行。

（9）口岸交接：口岸交接的效率直接影响到班列能否顺利接续运行。最常见的因素是口岸班列中的问题集装箱（以下简称"问题箱"）的拒收、滞留、办理返运等，它不仅给发货人造成额外的经济损失，更会影响口岸中转通关及换装速度，降低正常运输组织效率，造成口岸拥堵，阻碍转关发运。常见问题箱有以下几种：

①缺少计划；

②车辆和集装箱破损严重；

③货物超载或偏载影响行车安全；

④缺少境外段发运代码；

⑤已经交付对方口岸站但箱况不良；

⑥辐射超标；

⑦铅封丢失或不符；

⑧单证问题；

⑨向非集装箱办理站发运集装箱等。

(10)换装：由于铁轨规格不同，班列需在边境口岸从中方车站换至境外方车板上。

(11)追踪到达：货物出境之后，需要给客户更新运踪，直至到达目的站。

(12)交付清关：货物到达目的站点之后，收货人联系当地车站和海关安排提货和清关。

三、中欧班列的操作注意事项

(1)单证：铁路运单作为运输合同，不具有物权凭证的功能。中欧班列在货物到达目的站后，提货人需凭提箱码、ATB/DSK/MRN 等清关用文件提货。

(2)报关要求：铁路报关要求基本与海运一致。

(3)装箱及加固要求：由于铁路为轮对运输，未按标准加固的货物在运输过程中产生的移动会形成偏载，进而影响班列行车安全。因此，铁路运输相较海运在装载、加固和重量均衡方面更为严苛。

(4)小柜(20′集装箱)发运要求：小柜在铁路上一般以中亚线路发运较多，要求 2 柜重量差不超过 3 吨，单柜货重不超27.5 吨，部分车站会要求两柜品名一致。中欧班列小柜发运量并不大，具体有几方面原因：一是我国发运至欧洲的品名种类仍是轻泡货居多，不需要通过装载重货的小柜运输。二是欧洲铁路技术要求对大柜(40′集装箱)有限重要求(一般为 21 吨)，而一组小柜重量将超出该标准。

(5)货物的承接：中欧班列时效优于海运，价格优于空运，更适合接高附加值、对时效有一定要求的货品。当然,中欧班列运行十年来,已具备大到机械设备、汽车整车、医疗设备,小到 IT 产品、服装鞋帽、居家日用等各类货品的运输能力。不过出于安全考虑,目前对于含液压、氟和磁性,或是圆柱形包装的货物,大部分车站是禁运的。还有部分货品需根据实际情况而定,如:

①新能源汽车需要出口许可证;电动汽车充电量不超过 60%;除装配的动力电池、蓄电池,电动汽车内不得备电池和其他电池,电动车要断电。

②运输至哈萨克斯坦的热水器需要哈萨克斯坦的国家注册证。

③过境哈萨克斯坦运输至欧洲的安检机,需要注册哈萨克斯坦的许可证。

④化工品需要提供铁路认可的 11 家机构制作的非危鉴定报告方能发运。

⑤食品报关需要提供相关商检放行的文件等。

(6)中欧班列的集装箱管理:

①中铁箱:在中国铁路 95306 网站上申请用箱及出境提箱单,该单据与随车文件为申请境外代码的必要材料。

②俄铁箱:箱主一般为 RZDU 和 TKRU,在国内申请用箱,一般在莫斯科车站还箱(到站后 2 天内)。

③平台公司箱:各大平台公司均有租箱业务,可在其对应公布的渠道上进行租赁采购。

④货代自备箱:部分货代公司除了开展货运代理业务,还会延伸运作某些物流环节。货代采购集装箱以在进出口业务中循环使用,如能科学提高周转率,便能规避一定的市场价格波动和箱源制约风险,有利于物流成本的控制和业务的开展。

⑤租箱公司:专业租箱公司能够提供全程的租箱服务,相对便利,但可能产生超期用箱费等额外费用。

第四节　货代企业如何参与中欧班列运营

中欧班列的标准化、市场化、产品化使更多的国内货代企业能够参与市场运作与竞争。传统货代企业可将中欧班列作为主段运输方式的一种,运用原有的代理业务经验与中欧班列进行组合衔接,为客户提供更多增值服务;亦可运用自身货源优势与平台建立合作关系,开展线路方案的定制,形成专有产品。同时,数字化技术在业内的生根发芽,使货代企业看到了第三方物流、第四方物流及国际多式联运的发展有了更多的方向与可能。

一、承接主段,成为平台订舱代理

参与中欧班列最基础和普遍的形式是成为平台公司的订舱代理,通过主段运输资源的整合,为进出口贸易商和制造工厂提供与其需求匹配的对应线路、计划、方案等物流服务。

二、衔接主段,深耕物流延伸服务

班列的开行离不开围绕主段运输的各项物流细分环节,每个环节都是一次服务的增值与延伸,是广大货代企业可开垦的细分市场;作为物流链上的基础细胞单元,在整体物流降本增效过程中具有重要意义。货代企业可以参与的延伸服务包括:前端提货、尾程配送、租箱用箱、口岸清关、衔接以上环节的地接服务,以及与拼箱业务相关的仓储及拆装箱等业务。

三、以点带面,推动区域经济发展

货代企业也可根据自身资源优势,深耕单一城市或发运平台,摸清市场需求,寻找企业供应链共同需求,化繁为简,有效整合,研发各类优质中欧班列产品线路,提升平台运作的吸引力和辐射能力,进一步推动区域经济的发展。

四、服务企业,打造物流供应链

货代企业同样可以专注于为 VIP 客户提供专属服务,将中欧班列纳入大客户的物流供应商体系,为其量身打造契合企业生产的精益供应链管理,提供更优的综合物流方案,甚至帮助企业开行专列。

五、由箱起步,参与运营物流资产

在前述章节中我们提到,中欧班列用箱品类及箱属选择众多,虽然平台及铁路部门均能提供用箱,但无论在数量上还是周转效率上均难以满足整个市场需求。因此,部分货代企业以"自有箱承运人"(shipper's own container,SOC)为目标,在市场运作自有箱业务。购入并运营物流资产十分考验货代企业的运营周转能力,就目前中欧班列东西向不平衡的运行状况而言,海外网点覆盖力、境外货物组织力、进口货源揽收力、物流方案灵活度是资产运营成败的关键,如不能持续衔接周转,企业将不堪重负。此外建立海外仓、运作汽运车队,建设冷链仓库、参与物流园区运营等都是货代企业拓展业务、提高韧性、抵御市场变动风险的有效手段。而其中,首批物流园区公募基金REITs上市以来,因其底层资产租赁收入稳定,成功吸引了一批投资人参与投资。

六、与时俱进,聚焦多式联运培育

当前,货代企业理应以发展国际多式联运为己任,将打造全过程物流体系作为重要的发展战略,提升"门到门""端到端"的服务水平。在国家大力升级港口、码头、车站、公路、桥梁、隧道等基础设施的同时,货代企业应为国家建设多式联运各个分段运营的统一运行规则提供更多实践经验和参考数据,逐步建立成熟的多式联运经营人网络。

七、拥抱数字,提速降本增效

物流数字化时代已经到来,尤其在后疫情时代,传统货代企业应从加快数字化转型着手,优化线上线下流程,将企业作为整体终端打通上下游,让产品与服务精准触达更多需求方。同时应学习以数据为驱动,在集成服务、快速响应、平台运作、数智拓展等方面入手,从根本上提高核心竞争力。更应以政策与市场为导向,注重外向型链接,促进优势互补,主动对接平台,对接港站,形成商业联盟,共享资源,打通核心信息流,提升问题感知能力和快速应变能力。

八、结语

当前,百年未有之大变局加速演进,我们正处于一个易变性、不确定性、复杂性、模糊性交织的乌卡(volatile,uncertain,complex,ambiguous,VUCA)时代,想要在复杂多变的环境中取得商业成功,应始终秉持长久以来形成的物流人韧性和毅力,保持长久奋进的战略定力。中欧班列是国际运输服务体系的重大创新,对"一带一路"共建国家和地区务实合作发挥了重要促进作用。同时,中欧班列作为国际多式联运载体之一,为中国制造和中国货代企业走向国际化提供了一条新的路径。展望未来,中欧班列定将在"双碳"战略实施、智能物流升级、稳定国际供应链、促进亚非欧贸易、深化人文交流上大放异彩。

§ 第九章 §

杂 谈

第一节 传统货代企业如何用"数智化"的思维来经营未来

2015 年时任总理李克强在政府工作报告中首次提出了"互联网+"概念,总理多次强调,推进"互联网+"是中国经济转型的重大契机,势必将深刻影响和重塑传统产业行业格局。2016 年 7 月,李克强在国务院常务会议上再次强调:"推进互联网+物流,既是发展新经济,又能提升传统经济。"他还说,"要推动互联网、大数据、云计算等信息技术与物流的深度融合,推动物流业乃至中国经济的转型升级,这是物流业的供给侧改革"。政府的号召以及后来出台的一系列强有力的扶持政策掀开了中国航运物流业数字化转型升级的序幕。

2015 年 6 月初笔者去泰国出差,感觉泰国甚至东南亚同行对于传统货代物流企业利用互联网平台实现转型升级的概念或思维还很模糊和肤浅,甚至说没有,这种场景就像我们在 2010 年的那个阶段。泰国同行对于我们现在能够用手机 app 给客户推送信息和报价啧啧称奇!那时我就隐约感觉到:中国人未来在航运物流业领先于世界的绝好机会来临了!

数年过去了,货代同行接受互联网技术的态度已从怀疑和抵制转变为积极响应、投身实践了,但对于是企业自建 IT 团队来研发系统还是外包给专业的软件服务供应商或甚至简单地使用 SaaS 软件呢？企业领导们一直犹豫不决，举棋不定。其实，这三种形式在目前中国的货代物流业都存在，孰优孰劣，争论已久，未有定论。我的个人观点是中小微货代企业使用的软件系统还是外包好，但一直没有足够的理由支撑我的观点，难以说服我辅导的企业的老板。不久前（2022 年 12 月）听了清华大学高才生、应联科技 CEO 泮云德老师的讲座后我醍醐灌顶，豁然开朗。其实，每个货代企业的老板都想拥有一套自建的软件系统，因为这是一个国际化供应链物流企业的标志之一，但这个工程的成败主要取决于创始人、董事长、CEO 的决心、恒心和持续的投入，这三个因素缺一不可。如果想花小钱办大事，那还是外包比较可靠。反观当下，很多中小型货代企业自建的 IT 团队，由于人才素质、企业的发展空间、成本费用等客观因素，到最后都成为阻碍组织进一步发展的障碍。

与此同时，国内外的资本大鳄、独角兽也看好航运物流货代业这个巨大的市场，纷纷跨界进入，建立各种与航运、物流、货代相关的平台，一时间业界"狼来了"的哀嚎四起，仿佛业界的世界末日到来了。然而几年的时间过去了，至今还没有一个让从业人员喜闻乐见的、值得称道的货代物流平台出现，究其原因，我们来剖析一下目前现有的三种平台模式的优缺点：

（1）船东自建。它的缺点很明显，只能为自己船队的航线服务，比如中远海运的订舱平台不可能为其他承运人的客户提供服务。

（2）货代企业或联盟构建。它的缺点也很明显，就是缺乏信任基础和约束机制，行业同行怎么放心把自己的客户资料交给竞争对手来订舱呢？

（3）第三方科技平台搭建。这种平台较好地解决了同行间互信的问题,但缺陷就是平台工作人员不太了解物流货代这个行业的流程、特点及本质,开发出来的软件无法满足货代企业日常操作的需求,效率低下,特别是灵活变通性差。

以上三种平台各有利弊,但都无法完全满足行业企业的需求和解决利益保障的问题,所以现在十几家平台公司正加大投入力度,各显神通逐鹿中原,相信这种局面数年之内就会尘埃落定,让我们翘首以待吧。但可以很明确的一点就是,以前国际货代企业利用信息不对称赚取巨额差价或利润的时代已经被互联网打破而一去不复返了!

不过由于国际货代操作环节繁多、复杂,难以实现互联网模式的基础—标准化,所以传统的国际航运物流货代业还是有其广阔的生存空间和发展机遇的。航运物流货代业是"永远的朝阳"的行业,未来科技即使再发达,工厂生产出来的产品还是要通过相关的物流渠道才能送到终端用户的手上,只不过是物流的方式和方法可能会有所改变而已,所以航运物流货代产业链是整个国际贸易产业链的核心环节,永远不可或缺。作为行业企业的领导者和管理者要认真思考自己的企业如何适应数字化时代发展的潮流,响应国家提倡的政策,充分运用好互联网的工具来实现自己企业的转型升级,创新发展。

在数字化转型中有两点最重要。一是客户管理系统(customer relationship management,CRM)的重要性。至今大部分货代操作软件的客户管理只是简单的发货人、收货人、通知人、商品等信息的输入和存储,而优秀的CRM(客户管理系统)应该有完整的客户数据和一切有价值的信息,包括但不限于跟客户联系的全过程、给客户的所有报价、客户查询的任何轨迹、客户所有的成交记录、成交后的服务、货物追踪信息的自动推送等,这样就能形成对客户的精准营销体系,能够帮助企业维护好所有客户、筛选优质客户以及防止客户的流失。

二是,企业要通过全流程的数字化建设不断提升全链条的可视化,给客户更好的服务体验,提高客户的信赖度和黏性。同时,全链路的数字化改造有助于提升各环节的运作效率,例如关务数字化、海外仓数字化,既能控制和降低物流成本,又能提升物流时效及稳定性。

未来,整个行业会朝着数字智能化(数智化)的方向发展,企业之间的竞争将会变成成本和效率之间的比拼;只有紧跟时代,调整风向和抗风险能力,用数智化的思维来运营企业,企业的发展才会欣欣向荣。今天我们已走在正确的路上,而且比别人起跑得快,但就怕我们速度太慢了,让后面起跑的人赶上我们,后发先至了。

第二节 你不理财 财不理你

有一次我到香港出差,利用吃饭的时间和随行的同事聊天,当时我谈到投资理财的话题,有同事打断我说:"Johnny,我们很希望你跟我们聊聊如何谈生意、如何做销售、如何管理,但对于理财我们真的没兴趣!"面对我最得力干将的一席话,我一时语塞。

回顾我的职业生涯,我一直说:"我在贵人扶持下、在同事们的呵护下经过自己努力,工作算是比较顺利的。但一路走来,我的管理、理财知识和经验都是靠自己自学和摸索的,我内心一直在感慨:如果有高人早十年指点我或教化我,那今天的我一定会取得比现在更辉煌的成就和创造更多的财富。但那时的我,年少轻狂,懵懂无知,白白浪费了很多时间和金钱,现在回想起来十分心痛。所以我才想把自己的人生经验与年轻人分享,希望大家能避免我的弯路,不管是在职业生涯还是财富自由的路上都比我走得更好!"

投资理财不外乎以下几种方式:储蓄、债券、股票、基金、房地产、黄金、外汇、保险、期货……

由于股市风险太大,而黄金、外汇、期货又需要庞大的资金和很强的专业知识,这几种投资方式我不希望同事们过多关注(除非40岁以后,而且要有自己可以控制的活钱,千万不能借钱或贷款来炒股、炒汇、炒黄金!)

以目前我们同事一般月收入 5 000~10 000 元为例,建议进行以下的投资配置:

(1)希望每月存工资收入的 10% 入活期账户作为应急备用金。

(2)可以办一两张信用卡,巧妙利用银行的免息期(最长56 天)来合理提前消费或应急,还可以赚取银行方面的奖励积分和奖品。但一定要在银行规定的还款期前还款(最好和工资卡或储蓄卡捆绑设立自动还款,以免误了还款期),避免留下失信的记录。随着国家信用体系的逐渐完善,每个人都要像珍惜自己的眼睛一样珍惜自己的信用,要不以后你贷款买房买车,包括出国签证审核时都会有麻烦。

(3)每月买 300~500 元的基金定投。定投的原则是:①至少坚持 2~3 年为一周期,不要短期操作;②要设停利点,一般获利达 20%~30% 就要赎回,不要贪心;③不要设止损点,股市越低迷,买入的基金份额越多,成本就摊薄了,不要恐惧;④选择获利度较好的股票型基金,要选信誉度较好的基金公司。坚持这四个原则一定保证你有意想不到的收益。

(4)每年给自己买一份保额为10万元人民币的意外险和疾病险,有备无患。中国人对购买保险一直有两个误区:①认为买保险是没事找事,自己在诅咒自己要出意外;②认为保险是一种理财工具,希望通过买保险得到自己钱财保值甚至升值的目的。其实大家都忽略了保险对于家庭来说最重要的功能是保障的作用,保险能起到保证家庭收入、帮助家庭在遇到意外时渡过难关的作用,还有就是帮助人们消除焦虑等消极情绪从而获得安全感等作用。

(5)不要轻易加入股市,如果要尝试股市投资,一定要遵守"三闲"原则:闲心、闲时、闲钱,不能借钱或贷款来玩股票。100多年来的股市铁律是:十人炒股,七人输,两人平,只有一人赚。所以要买自己熟悉的股票,自己一无所知、道听途说的股票千万不要买!投资股市成功的秘诀是:选对股票、价值投资、长期拥有。

(6)年轻人要成家立业一定要务实,买房买车一定要考虑自己的经济实力,不能让自己压力太大而疲于奔命。我自己就是租房子结婚的,真的很感谢我太太的理解和支持,后来我们工作了十年才有了自己的第一套房子。建议目前无房的同事先租房子,有条件后先买小套二手房,待以后条件好了,再置换好房子。

理财越早越好,不要因工作忙,钱不够花就忽视这方面的事务。越早建立理财观念,就越早实现财务自由,成为一个快乐的人!

第三节　职场基本礼仪

商务礼仪在日常商务活动中的重要性是毋庸置疑的:第一,它体现了个人的素质、道德水准和修养;第二,它代表着企业的形象。2016年11月,我司特别邀请厦门著名集团客户服务培训部经理为大家进行职场礼仪培训,同事们都反映此培训是历次培训中最精彩的一次,大家收获良多,特别对营销团队而言更是如此。在平时的迎来送往、宴请客户等场合,很多年轻人不太注重礼节,不知道怎样体现职场的基本礼仪,这是职场硬伤,会使客人对你的印象大打折扣。因此,学好职场礼仪至关重要。

一、仪容仪表

(1)人们往往在见面的几秒钟就会形成对一个人的初步认识,因此需要得体的妆容。职业妆以淡雅的色彩为主,同时男士适度地化妆也是一种健康与活力的表现。

(2)善用微笑是人际交往中比较重要的一个礼仪环节。"眼睛是心灵的窗户",视线的角度、注视范围、注视时间,都能表现出你的礼仪素养。控制自己的眉毛,以免引起误会。

(3)着装要与职业、场合相宜,这是不可忽视的礼仪原则。工作时间的着装应遵循端庄、整洁、稳重、美观、和谐的原则,能给人以愉悦感和庄重感,能体现自身职业态度。在非常重要的商务交往中忌穿夹克时打领带。全身的颜色不超过三种,男士以黑、白、灰为主。鞋、公文包、腰带要保持一样的颜色。男士忌:在西裤口袋里、腰带上放置手机、钥匙等物品;袖子上的商标要拆除;忌穿白色或破烂的袜子。女士忌:短、露、透。

二、交换名片

在人际交往中,名片是一个很重要的载体,它代表了一个人的形象,所以平时一定要用专用的名片夹存放名片,使名片保持整洁完好,切忌把名片放在钱包或裤兜。

结交新朋友交换名片时,一定要笑脸相迎,注视对方。应用双手的拇指和食指压住名片的两角,正面朝上,以方便对方阅读的方向呈递;如果原来是坐在座位上,应起立或欠身递送,这个过程可以顺便简单地介绍自己;遇到生僻字应主动加以说明,避免对方尴尬,还会让人倍感亲切。

接名片时,也应该用双手,并说"谢谢""幸会"。名片接到手后应浏览一下,并把重要的内容,如对方的工作单位、姓名、职称等复诵一遍,然后珍惜地放入名片夹,这样既加深记忆也表示尊重。如果是坐下来会谈且人数众多,应按座次把对方的名片放在桌上显眼的位置,便于会谈中无误地交谈,会后再自然收起,切忌摆弄名片或在名片上做笔记。

一个优秀的业务员应随时准备充足的名片以便交换,如果自己没有名片或忘带名片应诚恳地表示歉意。

当然,随着科技的进步,现在的年轻人都用电子名片或微信号来互留联络方式,此时要注意一定先请对方打开微信二维码,由我们扫码发添加好友申请让对方通过以示尊重。遇到有些领导或长辈不习惯留名片或用现代通讯工具,这就需要思考如何用特别技巧取得他们的联系方式。

三、餐厅礼仪

(1)正式邀请包括请柬邀请、书信邀请等具体形式,适用于正式的交往。(一般提前1~2周发出邀请,以便被邀者及早安排;需要答复的可写上"请答复"或"因故不能出席者请答复"等。)非正式邀请包括口头邀请、当面邀请、托人邀请以及打电话邀请等不同形式,多适用于非正式接触。非正式邀请也要说明邀请的时间、地点和活动,真诚表示邀请对方参加。

(2)位次安排的总体原则是"以远为上""以右为尊"(对于"以左为尊"中西方不同,尚有争议)"面门为上"。

(3)应等长者贵宾坐定后,方可入座。席上如有女士,应等女士坐定后,方可入座。如女士座位在隔邻,应招呼女士。

(4)请勿将筷子竖插在碗或盆上。取菜舀汤,应使用公筷公匙。有客人在夹菜时切忌转动转盘,相反应主动帮忙扶住餐桌的转盘。

(5)用餐时必须温文尔雅、从容淡定,避免在餐桌上咳嗽、打喷嚏、打嗝,万一无法忍住应马上道歉。自己吃东西的时候咀嚼声音要小,也不要嘴里含着食物与人交谈。

(6)切忌用手指或筷子掏牙,应用牙签或牙线,并以手或手帕遮掩。

(7)喝酒要掌握度,要了解自己的酒量,切勿贪杯失态,因为不少客户是通过酒桌了解对方的性格特质而决定合作与否的。

四、乘车礼仪

(1)当主人亲自驾车时,若一个人乘车,则必须坐在副驾驶室上;若多人乘车,则必须有一人在副驾驶座就座,否则就是对主人的失敬。

(2)副驾驶座是车上最不安全的座位。因此,按惯例,在日常社交场合,该座位不宜请妇女或儿童就座。而在商务活动中,副驾驶座,特别是双排五座轿车上的副驾驶座,则被称为"随员座",专供秘书、助理等随从人员就座。

(3)具体到司机后座、司机对角线座位哪个位置更重要,要因人因时而异,最标准的做法是客人坐在哪里,哪里就是上座。所以,不必纠正或告诉对方"您坐错了"。尊重别人就是尊重别人的选择,这就是商务礼仪中"尊重为上"的原则。

(4)要为客人、女性、尊长开关车门,等客人、尊长入座后再就座。

五、引导礼仪

(1)距离:私人距离,小于半米至无距,以示亲密;交际距离:半米至1米半,有安全感。礼仪距离:1米半到3米,表示尊重。公共距离:三米或三米半以外,不被侵犯。

(2)无人驾驶的电梯,接待或引导人员应首先进入,并负责开启电梯,最后一位离开。

(3)引导人员应在被引导人员左斜前方0.5~1米左右,引导人员的步调要与来宾的速度一致,引导时,应说明目的地,右手并拢指示前往的方向,多用语言提醒,多用敬语,注意保护来宾的安全。

(4)如需来宾等候,一定要告知等候的时间,并提供茶水及阅读资料。

欢迎礼仪的原则:来有迎声,问有答声,去有送声,热情周到。

六、其他礼仪

（1）介绍礼仪：介绍宾客时必须离开座位，站立进行；先把身份低的介绍给身份高的；如果是本单位与外单位的人会见，应该先把本单位的人介绍给外单位的人；男士与女士见面时，应把男士介绍给女士；年长的同年轻的会见时，应把年轻者介绍给长者；如果是双方的年龄、地位差不多，可以先介绍与自己关系比较亲密的一方；如果要把一个人介绍给众多人，首先应向大家介绍这个人，然后把众人一一介绍给他。介绍时不可单指指人，应掌心向上，拇指微张指尖朝上。被介绍者应面向对方，目光对视，脸带微笑，介绍完毕后与对方握手问候，如："您好！""很高兴认识您！"

（2）握手礼：距离 1 米左右，时间一般为 1～3 秒为宜，注意力度，不可过重或过轻，应注视对方，微笑致意或问好，主人、长辈、上司、女士主动伸出手；客人、晚辈、下属、男士再相迎握手。握手时必须用右手，左手自然下垂，不可拿东西或插口袋，不可戴手套，不可双手与女士握手。

（3）递接物品：如果是有文字的物品，文字方向应便于接收方阅读（如名片等）；如果是尖锐物品，尖锐面应避免面对接收方；尽量用双手接送物品，如果不方便用双手，应一手扶住递送的另一手，并点头示意。

（4）斟茶倒水：茶水不宜过满，以 7 成满为宜，第一次续水应在 5～10 分钟，后续在 30～40 分钟即可，应双手奉茶。

总结：礼仪最核心的原则，一是尊者为先；二是让周围的人感到舒适、温暖和尊重。

第四节　国际性人才必须熟练掌握一两门外语

　　2016 年的岁末，我又收获了一本好书，是由日本欧力士集团董事长宫内义彦所著的《抓住好风险》。欧力士成立于 1964 年，是日本最大的非银行金融机构和最大的综合金融服务集团，在世界 27 个国家和地区经营保险、信托银行、证券、消费者金融、投资银行、房地产金融等业务，总资产达到 852 亿美元。

　　宫内义彦作为与稻盛和夫等日本经营之神齐名的企业家，虽已 90 多岁高龄，仍活跃在日本的经济和政治领域，是日本颇具影响力的人物之一。他于两年前——欧力士成立 50 年之际卸任集团董事长兼 CEO，开始把自己多年经营管理中积累的经验，整理成册，传授给年轻人。

　　书中，宫内义彦对当今日本社会，要么浮躁急于求成追求暴富，要么由于父辈给予富足的生活，没有生活压力，在精神上显得有些脆弱，没有激情和斗志，害怕失败，经不起挫折，或者从小到大一帆风顺、一路扶摇直上的所谓精英们，一旦失败就一蹶不振，丧失信心，从此没有斗志和干劲的现象（这些跟我们当今那些"躺平""玻璃心"的中国青年何其相似啊！）痛心疾首！

　　他认为人的一生总是充满了挑战和风险，年轻人不能因为有风险而裹足不前，反而要敢于直面风险，要掌握必要的知识和智慧去判断分辨是好风险还是坏风险。如果对自己有帮助、能带来收益的，即使失败了也是一份宝贵的经验，也是好风险，什么也不做才是最大的风险！

　　书中，宫内义彦先生用浅显易懂的语言，论述作为一个国际性人才掌握两门以上外语的重要性，并认为由公司员工在工作中的小窍门、直觉、技巧等逐渐培养起来的"隐性知识"是一个企业的宝贵财富，应该世代传承。他强调"不能光想着靠公司培养，靠前辈教，要从今天开始学习，自主积极地学习，自己给自己创造学习的条件并持之以恒"。

　　宫内义彦先生的这些论点与中国很多著名企业家宣导的理念如出一辙，相信这就是成功企业家共同的观点和方法论，我们应该好好学习领会并行动。年轻人都想成功，但成功一定不会唾手而得，一定要先树立远大的理想，然后据此定下符合实际的中、短期目标，激励自己努力学习，掌握一定的知识和技能，在前辈精英们的指引下加上自己的领悟和实践，沿着正确的方向用持之以恒、坚持不懈的决心踔厉奋发、勇毅前行，去达成组织的目标，进而实现自己的人生理想！

◉ 推荐阅读

　　《掌握英语了解世界》（宫内义彦：《抓住好风险》，东方出版社 2016 年版）

参考文献

[1]艾·里斯,杰克·特劳特.定位[M].邓德隆,火华强,译.北京:机械工业出版社,2011.

[2]艾·里斯,杰克·特劳特.营销战[M].李正栓,贾纪芳,译.北京:中国财政经济出版社,2002.

[3]艾·里斯.聚焦[M].寿雯,译.北京:机械工业出版社,2014.

[4]爱德华 R.戴尔·乔诺,赛勒斯特 E.伦斯福德,马克 D.马荣.顶级销售的 25 堂课[M].吴幸玲,译.北京:机械工业出版社,2011.

[5]安迪·格鲁夫.给经理人的第一课[M].巫宗融,译.北京:中信出版社,2007.

[6]比尔·乔治.真诚领导力[M].邱晓亮,译.北京:东方出版社,2011.

[7]彼得·德鲁克.卓有成效的管理者[M].辛弘,译.机械工业出版社,2022.

[8]曾国栋,王正芬.王者业务力[M].台北:商周出版社,2014.

[9]陈春花.激活个体[M].北京:机械工业出版社,2015.

[10]丹尼尔·平克.驱动力[M].龚怡屏,译.北京:中国人民大学出版社,2012.

[11]丹尼尔·平克.全新销售[M].闾佳,译.杭州:浙江人民出版社,2013.

[12]稻盛和夫.创造高收益[M].喻海翔,译.北京:东方出版社,2010.

[13]稻盛和夫.活法[M].周庆玲,译.北京:东方出版社,2009.

[14]樊登.可复制的领导力[M].北京:中信出版社,2018.

[15]菲利普·科特勒,加里·阿姆斯特朗.市场营销[M].楼尊,译.北京:中国人民大学出版社,2020.

[16]费迪南·佛尼斯.绩效!绩效![M].丁惠民,游琇雯,译.北京:中国财政经济出版社,2003.

[17]格雷戈·麦吉沃恩.精要主义[M].邵信芳,译.杭州:浙江人民出版社,2016.

[18]葛基中.夹缝中生存[M].上海:百家出版社,2008.

[19]宫内义彦.抓住好风险[M].蒋丰,译.北京:东方出版社,2016.

[20]何飞鹏.管理者对与错[M].台北:商周出版社,2016.

[21]何江,钱慧敏.跨境电商与跨境物流协同策略研究[J].物流科技,2017(7):1-6.

[22]何江,钱慧敏.跨境电商与跨境物流协同关系实证研究[J].大连理工大学学报(社会科学版),2019,40(6):37-47.

[23]钱慧敏,何江.基于扎根理论模型的跨境电商与跨境物流协同因素分析[J].产经评论,2017(6):110-122.

[24]胡超.人人都是销售高手[M].北京:电子工业出版社,2022.

[25]加里·凯勒,杰伊·帕帕森.最重要的事只有一件[M].张宝文,译.北京:中信出版社,2017.

[26]杰克·特劳特,史蒂夫·里夫金.重新定位[M].邓德隆,火华强,译.北京:机械工业出版社,2011.

[27]骏君.微信营销方法1+2+3[M].广州:广东经济出版社,2016.

[28]林正刚.创能量[M].杭州:浙江人民出版社,2015.

[29]林正刚.正能量[M].杭州:浙江人民出版社,2012.

[30]刘亚莉.总经理管控财务一本通[M].广州:广东经济出版社,2014.

[31]罗伯特·迪尔茨.归属感[M].庞洋,译.长春:北方妇女儿童出版社,2015.

[32]马库斯·白金汉,柯特·柯夫曼.首先,打破一切常规[M].鲍世修,译.北京:中国青年出版社,2011.

[33]乔·欧文.韧性思维[M].何蓉,译.北京:人民邮电出版社,2021.

[34]青木毅.销售就是会提问[M].肖辉,刘舒悦,译.天津:天津人民出版社,2021.

[35]容易.带团队就这么简单[M].北京:新世界出版社,2013.

[36]瑞克·吉尔伯特.向上汇报[M].信任,译.北京:企业管理出版社,2014.

[37]史永翔.搞通财务出利润[M].北京:北京大学出版社,2014.

[38]汤超义.掌握人生主动权[M].上海:上海财经大学出版社,2018.

[39]唐华山.激励员工不用钱[M].北京:人民邮电出版社,2012.

[40]唐纳德·米勒.商业至简[M].唐奇,译.北京:中国人民大学出版社,2022.

[41]谢燮.变革水运[M].北京:人民交通出版社,2016.

[42]徐晖,徐洋钰.大客户销售[M].北京:中国人民大学出版社,2015.

[43]岩田松雄.成为让部属愿意追随的上司[M].刘滌昭,译.台北:悦知文化,2015.

［44］张萌.引爆视频号［M］.北京：北京联合出版公司,2021.

［45］赵伟.给你一个团队,你能怎么管［M］.南京：江苏文艺出版
社,2013.

附　录

附录一　2022 年全球港口集装箱吞吐量排名

排名	港口名称	吞吐量/万 TEU	排名	港口名称	吞吐量/万 TEU
1	上海港	4 730	16	丹戎帕拉帕斯港	1 051
2	新加坡港	3 729	17	纽约港	949
3	宁波舟山港	3 335	18	高雄港	949
4	深圳港	3 004	19	苏州港	908
5	青岛港	2 567	20	林查班港	874
6	广州港	2 460	21	汉堡港	833
7	釜山港	2 207	22	丹吉尔地中海港	760
8	天津港	2 102	23	胡志明港	740
9	洛杉矶/长滩港	1 904	24	雅加达港	709
10	香港港	1 669	25	北部湾港	702
11	鹿特丹港	1 446	26	科伦坡港	686
12	迪拜港	1 397	27	蒙德拉港	650
13	安特卫普港	1 348	28	海防港	616
14	巴生港	1 322	29	那瓦舍瓦港	596
15	厦门港	1 243	30	萨凡纳港	589

来源:《海运网》微信公众号 2023-03-23 08:30 发表于辽宁。

附录二 2022 年中国码头货物吞吐量前 10 名

排名	港口	集装箱吞吐量/ 万 TEU	外贸货物吞吐量/ 万吨	总货物吞吐量/ 万吨
1	宁波舟山港	3 335	56 003	126 134
2	唐山港	334	27 279	76 887
3	上海港	4 730	39 834	66 832
4	青岛港	2 567	47 343	65 754
5	广州港	2 460	14 255	62 906
6	苏州港	908	17 318	57 276
7	日照港	580	33 213	57 057
8	天津港	2 102	30 530	54 902
9	烟台港	412	15 606	46 257
10	北部湾港	702	16 756	37 134

来源:《港口圈》微信公众号 2023-01-31 16:16 发表于上海。

附录三　2022 年全球空运货代 25 强榜单

排名	公司名称	总部	空运吨/万吨
1	Kuehne＋Nagel/德迅	瑞士	222.0
2	DHL/敦豪	德国	209.6
3	DSV/得斯威	丹麦	160.0
4	DB Schenker/德铁信可	德国	140.0
5	Expeditors/康捷空	美国	104.7
6	Nippon/日通	日本	97.1
7	UPS/美国联合包裹	美国	96.5
8	Bollore/波洛莱	法国	65.6
9	KWE/近铁	日本	55.6
10	Hellmann/汉宏	德国	55.2
11	Sinotrans Ltd/中外运长航	中国	53.2
12	Kerry Logistics/嘉里物流	中国香港	52.0
13	AWOT Global Logistics/欧华	中国	48.6
14	Ceva Logistics/基华物流	瑞士	47.4
15	CTS International/华贸国际	中国	39.8
16	Dachser SE/德莎国际货运	德国	36.5
17	Geodis/乔达	法国	34.6

续表

排名	公司名称	总部	空运吨/万吨
18	Crane Worldwide/恺瑞国际物流	美国	33.7
19	Yusen Logistics/日邮	日本	32.6
20	C.H.Robinson/罗宾逊全球货运	美国	30.0
21	NNR/西铁国际	日本	28.8
22	Pilot Freight Services	美国	28.0
23	FedEx Logistics/联邦快递	美国	26.5
24	Dimerco/中菲行	中国台湾	25.1
25	EFL	斯里兰卡	20.5

来源:《中国航务周刊》微信公众号 2022-04-13 17:12 发表于北京。

附录四　2022 年中国—北美 NVOCC TOP 25 强名单

Rank	NVOCC	2022TEU
1	Expeditors International of Washing Inc / 康捷空	250 175.92
2	Christal Lines / 罗宾逊全球货运	221 630.31
3	Orient Express Container Co Inc/ 海硕国际货运	207 091.46
4	Blue Anchor America Line (Blue Anchor Line)/兰锚船务	187 312.20

续表

Rank	NVOCC	2022TEU
5	Apex Shipping Co/ 高峰货运	186 988.76
6	Honour Lane Shipping Ltd/ 鸿安货运	184 433.78
7	Flexport International LLC/ 飞协博国际货运	146 571.39
8	Amazon Global Logistics China/ 亚马逊物流	127 136.72
9	Topocean Consolidation Service (Los Angeles) Inc/ 海连货运	126 936.49
10	Hency Shipping Limited/ 均辉货运	121 949.36
11	Taicang Xintai International Shipping Agency Co Ltd/太仓新太	121 239.60
12	Seamaster Logistics Inc/ 洋达国际货运	120 194.57
13	DSV Ocean Transport / 得斯威国际货运	108 441.76
14	China International Freight Co Ltd/ 华威货运	103 129.52
15	Dewell Container Shipping/ 德威国际货运	99 881.49
16	Safround Logistics Co Ltd/ 顺圆物流	87 362.84
17	MCL-Multi Container Line Inc/ 华隆瑞峰国际货运	82 506.68
18	Danmar Lines AG/丹马运输	82 137.88
19	Sinpex Connection Logistics Ltd/ 盛派国际物流	77 681.85
20	UPS Asia Group Pte Ltd/ 美国联合包裹运送	71 419.35
21	Pyramid Lines Singapore Pte Ltd	69 429.46
22	Orient Star Transport Intl Ltd/ 元泰国际货运	68 594.94
23	Pudong Prime Intl Logistics Inc/上海浦东幸运	64 899.61

续表

Rank	NVOCC	2022TEU
25	Cohesion Freight（HK）Limited/汇力货运	59 086.33
24	Translink Shipping Inc/美商纵横	59 742.45
25	Cohesion Freight（HK）Limited/汇力货运	59 086.33

来源：美国贸易数据服务提供商 Descartes Datamyne，由涅浦顿综合整理。《涅浦顿供应链科技》微信公众号 2023-01-04 14:12 发表于上海。

附录五　全球船公司运力 50 强排名

排名	Operator	TEU	SHIPS
1	Mediterranean Shg Co/地中海航运	4 601 709	716
2	APM-Maersk/马士基航运	4 220 012	704
3	CMA CGM Group/达飞海运	3 398 588	597
4	Cosco Shipping/中远海运	2 869 231	466
5	Hapag-Lloyd/赫伯罗特船务	1 784 489	249
6	Evergreen Line/长荣海运	1 661 865	209
7	ONE（Ocean Network Express）/海洋网联	1 528 921	204
8	HMM Co Ltd/现代商船	816 365	75
9	Yang Ming Marine/阳明海运	705 614	93
10	ZIM/以星综合航运	533 823	138
11	Wan Hai Lines/万海航运	436 844	145

排名	Operator	TEU	SHIPS
12	PIL (Pacific Int.Line)/太平船务	297 163	91
13	SITC/海丰国际	162 418	108
14	KMTC/高丽海运	148 517	65
15	IRISL Group/伊朗国航	136 900	30
16	Zhonggu Logistics Corp./中谷物流	136 126	103
17	UniFeeder	132 087	83
18	X-Press Feeders Group	130 191	83
19	TS Lines/德翔海运	109 716	50
20	Antong Holdings (QASC)/安通控股	101 696	93
21	Sinokor Merchant Marine/长锦商船	93 522	74
22	Sea Lead Shipping/海领船务	87 295	23
23	China United Lines (CU Lines)/中联航运	74 064	29
24	Global Feeder Shipping LLC	72 370	26
25	Emirates Shipping Line/阿联酋航运	72 350	16
26	RCL/宏海箱运	68 972	35
27	SM Line Corp./森罗海运	68 620	15
28	Swire Shipping/太古船务	68 374	34
29	Matson/美森轮船	65 747	29
30	Arkas Line/EMES/阿尔卡斯集运	52 893	33
31	Interasia Line 运达航运	51 056	22
32	Grimaldi (Napoli)/格里马尔迪航运	47 787	36

排名	Operator	TEU	SHIPS
33	Siontrans/中外运集运	46 219	31
34	Ningbo Ocean Shipping Co/宁波远洋	43 340	50
35	Shanghai Jin Jiang Shipping/上海锦江航运	39 989	42
36	Meratus/迈拉特斯航运	36 007	53
37	Seaboard Marine/喜宝海运	35 878	23
38	Samudera/萨姆达拉船务	35 140	29
39	Tanto Intim Line/印尼坦托航运	34 867	54
40	Pasha Hawaii Transport Lines/芭莎夏威夷运输班轮	32 245	13
41	Salam Pacific Indonesia Lines/萨拉姆太平洋航运	30 981	44
42	Namsung Shipping/南星海运	30 860	27
43	Great White Fleet/太白舰队	27 374	14
44	FESCO/俄罗斯远东航运	26 833	21
45	Tailwind Shipping Lines/顺风航运	21 086	6
46	Transfar Shipping Ltd/致远航运	21 003	6
47	Oman Container Line/阿曼班轮公司	19 805	5
48	Linea Messina/墨西拿航运	18 560	8
49	Transworld Group Singapore/沃船物流	18 185	14
50	Safeen Feeders/萨芬航运	17 916	9

来源:《维运网》微信公众号 2023-01-09 16:03 发表于福建。

附录六　2021 年度中国货代物流营业总收入前 100 名上榜企业

排名	企业名称
1	中国外运股份有限公司
2	中远海运国际货运有限公司
3	中国物资储运集团有限公司
4	中铁国际多式联运有限公司
5	敦豪全球货运(中国)有限公司
6	中集世联达物流科技(集团)股份有限公司
7	港中旅华贸国际物流股份有限公司
8	爱派克斯国际物流(中国)有限公司
9	嘉里物流(中国)投资有限公司
10	深圳市九立供应链股份有限公司
11	上海环世物流(集团)有限公司
12	中创物流股份有限公司
13	宁波港东南物流集团有限公司
14	全球捷运物流有限公司
15	海程邦达供应链管理股份有限公司
16	中集世联达物流管理有限公司
17	日通国际物流(中国)有限公司
18	广州欧华国际货运代理有限公司

续表

排名	企业名称
19	深圳市华运国际物流有限公司
20	东方国际物流(集团)有限公司
21	美设国际物流集团股份有限公司
22	唯凯国际物流股份有限公司
23	江苏飞力达国际物流股份有限公司
24	深圳市长帆国际物流股份有限公司
25	近铁国际物流(中国)有限公司
26	深圳市华展国际物流有限公司
27	嘉宏国际运输代理有限公司
28	深圳市递四方速递有限公司
29	深圳市柏威国际科技物流有限公司
30	日邮物流(中国)有限公司
31	宁波雅戈尔国际贸易运输有限公司
32	密尔克卫化工供应链服务股份有限公司
33	硕达(上海)国际货运有限公司
34	江苏众诚国际物流有限公司
35	锦海捷亚国际货运有限公司
36	上海亚东国际货运有限公司
37	天津克运集运集团股份有限公司
38	新时代国际运输服务有限公司
39	嘉友国际物流股份有限公司
40	北京大田智慧物流有限公司

续表

排名	企业名称
41	深圳市涵文国际货运代理有限公司
42	宁波顺圆物流有限公司
43	中远海运航空货运代理有限公司
44	深圳市鸿安货运代理有限公司
45	中艺储运江苏有限责任公司
46	深圳市安达顺国际物流有限公司
47	北京泽坤国际货运代理有限公司
48	简达物流集团股份有限公司
49	江苏恒隆物流有限公司
50	青岛远洋大亚物流有限公司
51	深圳市易速信达供应链有限公司
52	环发讯通(天津)国际货运代理有限公司
53	鸿霖国际货运代理(上海)有限公司
54	中菲行国际货运代理(上海)有限公司
55	达升物流股份有限公司
56	广东高捷航运物流有限公司
57	宁波美航物流有限公司
58	青岛经汉物流服务有限公司
59	民航快递有限责任公司
60	深圳市海光国际物流有限公司
61	深圳市鹏城海物流有限公司
62	江苏远洋新世纪货运代理有限公司

续表

排名	企业名称
63	深圳天翼通国际货运代理有限公司
64	上海青旅国际货运有限公司
65	大连中铁外服国际货运代理有限公司
66	海盟控股集团有限公司
67	深圳市世纪通供应链股份有限公司
68	宁波安普国际物流有限公司
69	深圳市外代国际货运有限公司
70	环集供应链管理股份有限公司
71	中经得美国际快运代理有限公司
72	江苏佳利达国际物流股份有限公司
73	北京盛伦国际物流有限公司
74	锐昂（上海）国际物流有限公司
75	大连忠进国际货运有限公司
76	日立物流（中国）有限公司
77	北京跨欧亚国际货运代理有限公司
78	天津丰田物流有限公司
79	杭州泛远国际物流股份有限公司
80	山东郎越国际运输服务有限公司
81	中成国际运输有限公司
82	航都（厦门）国际货运代理有限公司
83	宁波港铃与物流有限公司
84	广州佳联迅物流有限公司

续表

排名	企业名称
85	江苏海航供应链管理服务有限公司
86	连云港东大国际货运有限公司
87	辽宁港捷国际物流有限公司
88	浙江胜马国际货运代理有限公司
89	新疆天业(集团)有限公司
90	深圳合聚新国际物流有限公司
91	中设国际商务运输代理有限责任公司
92	上海华加国际货运代理有限责任公司
93	北京百福东方国际物流有限责任公司
94	铂睿国际物流(北京)有限公司
95	中钢国际货运有限公司
96	北方万邦物流有限公司
97	重庆太平洋国际物流有限公司
98	上海大微物流科技有限公司
99	上海迅辉国际货运有限公司
100	中外运—日新国际货运有限公司

来源:《中货协》微信公众号 2022-12-20 12:13 发表于北京。

附录七　常见集装箱种类、规范及尺寸

　　下列资料中的各项规范会因制造年份和制造商而略有不同。

普通干货箱

用途

为一般的普通货物使用

20ft Dry Container 20′普通箱

外部尺寸		
长度 （毫米）	宽度 （毫米）	高度 （毫米）
6 058	2 438	2 591
内部尺寸		
长度 （毫米）	宽度 （毫米）	高度 （毫米）
5 898	2 350	2 390
重量		
最大毛重 （公斤）	空箱皮重 （公斤）	有效载荷 （公斤）
30 480	2 260	28 220
箱内容积（立方米）		
33.1		

40ft Dry Container
40' 普通箱

外部尺寸		
长度 （毫米）	宽度 （毫米）	高度 （毫米）
12 192	2 438	2 591
内部尺寸		
长度 （毫米）	宽度 （毫米）	高度 （毫米）
12 031	2 350	2 390
重量		
最大毛重 （公斤）	空箱皮重 （公斤）	有效载荷 （公斤）
30 480	3 740	26 740
箱内容积（立方米）		
67.6		

40ft High Cube Dry
Container 40' 超高箱

外部尺寸		
长度 （毫米）	宽度 （毫米）	高度 （毫米）
12 192	2 438	2 896
内部尺寸		
长度 （毫米）	宽度 （毫米）	高度 （毫米）
12 031	2 352	2 698
重量		
最大毛重 （公斤）	空箱皮重 （公斤）	有效载荷 （公斤）
30 480	3 930	26 550
箱内容积（立方米）		
76.3		

冷藏集装箱

用途

装载需要设置温度控制的特殊货物

温度设置   制冷剂

＋25～－25 ℃   环保制冷剂

20ft Reefer Container
20′冷藏箱

外部尺寸		
长度 （毫米）	宽度 （毫米）	高度 （毫米）
6 058	2 438	2 591
内部尺寸		
长度 （毫米）	宽度 （毫米）	高度 （毫米）
5 449	2 300	2 273
重量		
最大毛重 （公斤）	空箱皮重 （公斤）	有效载荷 （公斤）
30 480	3 040	27 440
箱内容积（立方米）		
28.5		

40ft High Cube Reefer
Container 40′冷藏箱

外部尺寸		
长度 （毫米）	宽度 （毫米）	高度 （毫米）
12 192	2 438	2 896
内部尺寸		
长度 （毫米）	宽度 （毫米）	高度 （毫米）
11 584	2 292	2 554
重量		
最大毛重 （公斤）	空箱皮重 （公斤）	有效载荷 （公斤）
34 000	4 800	29 200
箱内容积（立方米）		
65.1		

开顶箱

用途

集装箱的顶棚采用特种防水布制造，根据需要进行开闭，更加便利装载货物

20ft Open Top Container
20′开顶箱

外部尺寸		
长度（毫米）	宽度（毫米）	高度（毫米）
6 058	2 438	2 591
内部尺寸		
长度（毫米）	宽度（毫米）	高度（毫米）
5 897	2 350	2 367
重量		
最大毛重（公斤）	空箱皮重（公斤）	有效载荷（公斤）
30 480	2 370	28 110
箱内容积(立方米)		
32.8		

40ft Open Top Container
40′开顶箱

外部尺寸		
长度（毫米）	宽度（毫米）	高度（毫米）
12 192	2 438	2 591
内部尺寸		
长度（毫米）	宽度（毫米）	高度（毫米）
12 020	2 342	2 350
重量		
最大毛重（公斤）	空箱皮重（公斤）	有效载荷（公斤）
30 480	4 200	26 280
箱内容积(立方米)		
66.1		

附录八 航运货代物流及国际贸易常见 英语术语及短语

A

A/R	ALL RISKS(INSURANCE) 一切险
ARR	ARRIVAL 到达(到港)
ARRD	ARRIVED 已到达
A/S	AFTER SIGHT 见票后付款(汇票)
A/S	ALONGSIDE 在旁(船边)
ASAP	AS SOON AS POSSIBLE 尽快
A/N	ARRIVAL NOTICE 到货通知
ASS	ASSOCIATE 合伙人
ATA	ACTUAL TIME OF ARRIVAL 实际到达时间
ATD	ACTUAL TIME OF DEPARTURE 实际离开时间
ATS	ALL TIME SAVED 所有节省时间
ATTY	ATTORNEY 代理人,律师
AV	AVERAGE 平均
AWB	AIR WAYBILL 空运单
APPROX.	APPROXIMATELY 近似,约计
APS	ARRIVAL PILOT STATION 到达引航站
AC	ACCOUNT CURRENT 往来账户
A/C	FOR ACCOUNT OF 为……代销
ACC.	ACCEPTANCE;ACCEPTED 接受

ACCDG   ACCORDING TO 根据

ACCT   ACCOUNT 账

ACOL   AFTER COMPLETION OF LADING 装货结束后

A.D.   AFTER DATE 在指定日期后

AD VAL   AD VALOREM（ACCORDING TO VALUE）从价

ADV   ADVISE 告知

AFRA   AVERAGE FREIGHT RATE ASSESSMENT 平均运费指数

AFLWS   AS FOLLOWS 如下

AGCY   AGENCY 代理公司

AGT   AGENT 代理人

AGW   ALL GOES WELL 一切顺利

A.G.W.T.   ACTUAL GROSS WEIGHT 实际毛重（总重）

AMT   AIR MAIL TRANSFER 航空信汇

ANCH   ANCHORAGE 锚地

A.O.   ACCOUNT OF… ……账上

AOH   AFTER OFFICE HOURS 工作时间外

A/OR   AND/OR 及/或者

A/P   ACCOUNT PAID 账目付讫

AMS   （AMERICAN）AUTOMATED MANIFEST SYSTEM（美国）自动舱单系统

AFR   ADVANCE FILING RULES 日本舱单数据

B

BKF	BOOKING FEE 订舱费
B.A.C.	BUNKER ADJUSTMENT CHARGE 燃油附加费
B.A.F.	BUNKER ADJUSTMENT FACTOR 燃油附加费
BB	BALLAST BONUS 空航奖金(空放补贴)
BBB	BEFORE BREAKING BULK 卸货前
B.C.	BULK CARGO 散货
B/D	BANK(ER'S) DRAFT 银行汇票
B.D.I.	BOTH DATES(DAYS) INCLUSIVE 包括首尾两日
BDTH.	BREADTH 宽度
BDY.	BOUNDARY 边界
BENDS	BOTH ENDS 两端(装货和卸货港)
B/G	BONDED GOODS 保税货物
BIMCO	BALTIC INTERNATIONAL MARITIME CONFERENCE 波罗的海国际航运工会
BIZ	BUSINESS 业务
BKGE	BROKERAGE 经纪费,佣金
B/L	BILL OF LOADING 提单
BLK.	BULK 散(装)货
BOD	BUNKER OF DELIVERY 交燃油
BOR	BUNKER OF REDELIVERY 接燃油
BRL	BARREL 桶(英,美容积单位)
B/S	BILL OF SALE 卖契
BBS	BASIS 基础

BT	BERTH TERMS 泊位条款
BV	BUREAU VERITAS (FRENCH SHIP CLASSIFICATION SOCIETY)法国船级社
B.W.	BONDED WAREHOUSE 保税仓库
BXS.	BOXES 盒,箱

C

CIC	CONTAINER IMBALANCE CHARGE 集装箱不平衡费
CVGP	CUSTOMS VALUE PER GROSS POUND 海关价值,每磅毛重
CWE	CLEARED WITHOUT EXAMINATION 海关免验结关
CWT	HUNDRED WEIGHT 担,英＝112 磅 美＝100 磅
CWO	CASH WITH ORDER 订货时付款/订购即付
CY	CONTAINER YARD 集装箱堆场
CIP	CARRIAGE AND INSURANCE PAID TO 运费及保险费支付到……
CL.	CLASSIFICATION 分类,定级
CLEAN B/L	CLEAN BILL OF LADING 清洁提单
CM	CENTIMETERS(S) 公分(厘米)
CM3	CUBIC CENTIMETER(S) 立方厘米
C/N	CONSIGNMENT NOTE 发货通知书;托运单

CNEE　　　CONSIGNEE 收货人

CNMT/

CONSGT　　CONSIGNMENT 托付

CNOR　　　CONSIGNOR 发货人,委托人

C/O　　　　CERTIFICATE OF ORIGIN 原产地证明书

COA　　　　CONTRACT OF AFFREIGHTMENT 租船
　　　　　　契约

C.O.D.　　　CASH ON DELIVERY 货到付款

COM　　　　COMMISSION 佣金

CONS　　　　CONSUMPTION 消耗

CAC　　　　CURRENCY ADJUSTMENT CHARGE 货
　　　　　　币(贬值)附加费

CAD　　　　CASH AGAINST DOCUMENTS 凭单据
　　　　　　付款

CAF　　　　CURRENCY ADJUSTMENT FACTOR 货
　　　　　　币贬值附加费

CAP　　　　CAPACITY 容量,能力

CAPT　　　CAPTAIN 船长

CAS　　　　CURRENCY ADJUSTMENT
　　　　　　SURCHARGE 货币贬值附加费

CASS　　　CARGO ACCOUNTS SETTLEMENT
　　　　　　SYSTEM(IATA)货物结算系统(国际航空运
　　　　　　输协会)

C.B.　　　　CONTAINER BASE 集装箱基地

CBF　　　　CUBIC FEET 立方英尺

C.& D.　　　COLLECTION AND DELIVERY 上门
　　　　　　取送、收运费交货

C.B.D.	CASH BEFORE DELIVERY 付款后交货
CBM	CUBIC METRE 立方米
CC	CHARGES COLLECT 货到付款
CCL	CUSTOMS CLEARANCE 结关
CCS	CONSOLIDATED CARGO(CONTAINER) SERVICE 集货(集装箱拼装货服务)
CCX	COLLECT 货到付款
C/D	CUSTOMS DECLARATION 海关申报单
CFM	CONFIRM 确认
CFR	COST AND FREIGHT(INCOTERMS)成本加运费(国际贸易术语解释通则)
CFS	CONTAINER FREIGHT STATION 集装箱货运站
CGO	CARGO 货物
C.H.	CARRIERS HAULAGE 集装箱承运人接运
C.H.C.	CARGO HANDLING CHARGES 货物操作(装卸)费
CH.FWD.	CHARGES FORWARD 运费等货到后由收货人自付,买方负责费用
CHOPT	CHARTERER'S OPTION 租方选择
CHTRS	CHARTERERS 租船人
C.I.A.	CASH IN ADVANCE 预支现金
CIF	COST, INSURANCE AND FREIGHT(INCOTERMS)到岸价(成本,保险费,运费)
CLP	CONTAINER LOAD PLAN 装柜明细
CIF	CUSTOMS INSPECTION FEE 查验费
CCF	CUSTOM CLEARANCE FEE 报关费,清

关费

CS	CONGESTION SURCHARGE 港口拥塞附加费
CRF	CORRECTION FEE 改单费

D

D/P	DOCUMENTS AGAINST PAYMENT 付款交单
DSTN	DESTINATION 目的地（港）
DT	DEEP TANK 深舱
DTG	DISTANCE TO GO 还航行距离
DTLS	DETAILS 细节
DWCC	DEAD WEIGHT CARGO CAPACITY 货物载重量
DWT	DEAD WEIGHT TON 载重吨
D/A	DOCUMENTS AGAINST ACCEPTANCE 承兑交单
DAF	DELIVERED AT FRONTIER (INCOTERMS) 边境交货（国际贸易术语解释通则）
DAP	DOCUMENTS AGAINST PAYMENT 付款交单
D.A.S.	DELIVERED ALONGSIDE SHIP 船边提货
D.CL	DETENTION CLAUSE 滞留条款
DDO	DISPATCH DISCHARGING ONLY 卸货港速遣
DDP	DELIVERED DUTY PAID (INCOTERMS)

完税后交货(国际贸易术语解释通则)

DDU　　DELIVERED DUTY UNPAID (INCOTERMS)未完税交货(国际贸易术语解释通则)

DELY　　DELIVERY 交付

DEM　　DEMURRAGE 滞期(费)

DEP　　DEPARTURE 离开,开航

DES　　DELIVERED EX SHIP(INCOTERMS)目的港船上交货(国际贸易术语解释通则)

DEQ　　DELIVERED EX QUAY(DUTY PAID)(INCOTERMS)目的港码头交货(完税货)(国际贸易术语解释通则)

DEV　　DEVIATION 绕航

DF　　DEAD FREIGHT 空舱费

DFP　　DUTY-FREE PORT 免税港

DHD　　DISPATCH HALF DEMURRAGE 速遣费是滞期费的一半

DIA　　DIAMETER 直径

DISCH　　DISCHARGE 卸货

DISPORT　　DISCHARGE PORT 卸货港

DOCIMEL　　DOCUMENT CIM ELECTRONIQUE (ELECTRONIC CIM DOCUMENT) CIM 电子单证

D/O　　DELIVERY ORDER 提货单

DOC　　DOCUMENTATION FEE 单证费,文件费

E

EDI	ELECTRONIC DATA INTERCHANGE 电子数据交换
EDP	ELECTRONIC DATA PROCESSING 电子数据处理
E.G.	FOR EXAMPLE 例如
EIR	EQUIPMENT INTERCHANGE RECEIPT (CONTAINERS)设备交接单(集装箱)
ENCL.	ENCLOSURE 附件
ERLOAD	ESTIMATED READY TO LOAD 预计准备装货
ETA	ESTIMATED TIME OF ARRIVAL 预计到达时间
ETB	ESTIMATED TIME OF BERTH 预计靠泊时间
ETCD	ESTIMATED TIME OF COMPLETION OF DISCHARGE 预计卸货完成时间
ETD	ESTIMATED TIME OF DEPARTURE 预计离开时间
ETR	ESTIMATED TIME OF REDELIVERY 预计还船时间
ETS	ESTIMATED TIME OF SAILING 预计开航时间
EXW	EX WORKS (INCOTERMS) 工厂交货
ENS	ENTRY SUMMARY DECLARATION 欧盟舱单数据
EBS	EMERGENT BUNKER SURCHARGES 紧急燃油附加费

F

FWC　　　FULL LOADED WEIGHT & CAPACITY 满载重量和容量(集装箱)

FWDR.　　FORWARDER 货物代理人

FWR　　　FIATA WAREHOUSE RECEIPT FIATA 仓库收据

FYG　　　FOR YOUR GUIDANCE 供遵照执行

FYI　　　FOR YOUR INFORMATION 给参考

FYR　　　FOR YOUR REFERENCE 供参考

F.I.B.　　FREE INTO BARGE 驳船交货

F.I.C.　　FREIGHT，INSURANCE，CARRIAGE 运费，保险费

F.I.H.　　FREE IN HARBOUR 港内交货

FLT　　　FORKLIFT TRUCK 叉升式堆装机,堆高机

FLWG　　FOLLOWING 下列

FM　　　FROM 从,自

FOB　　　FREE ON BOARD 船上交货,离岸价格

F.O.D.　　FREE OF DAMAGE 损害不赔

F.P.A　　FREE OF PARTICULAR AVERAGE 平安险

FPAD　　FREIGHT PAYABLE AT DESTINATION 到港支付运费

FR　　　FLAT RACK(CONTAINER) 平板柜(平底集装箱)

FRT　　　FREIGHT 运费

FRT.FWD. FREIGHT FORWARD 运费由提货人支付,运费到付

FRT. PPD./CC   FREIGHT PREPAID/COLLECT 运费预付/到付

FT   FOOT(FEET) 英尺

FWB   NON-NEGOTIABLE FIATA MULTIMODAL TRANSPORT WAYBILL 不可转让的 FIATA 多式联运运单

F.A.C.   FAST AS CAN(LOADING OR DISCHARGE)尽可能快地装卸

F.A.C.   FORWARDING AGENT'S COMMISSION 货运代理佣金

FAK   FREIGHT ALL KINDS 均一费率,同一费率

FBL   NEGOTIABLE FIATA MULTIMODAL TRANSPORT BILL OF LADING 可转让 FIATA 多式联运提单

FCA   FREE CARRIER(INCOTERMS) 货交承运人(国际贸易术语解释通则)

FCL   FULL CONTAINER LOAD 整箱货

FFI   FIATA FORWARDING INSTRUCTIONS FIATA 运送指示

F.G.A.   FREE OF GENERAL AVERAGE 共损不保

G

G.A.   GENERAL AVERAGE 共同海损

G.B.L.   GOVERNMENT BILL OF LADING 政府海运提单

G.C.   GENERAL CARGO 杂货,普货

G.C.R.   GENERAL CARGO RATES 杂货运价

GDP   GROSS DOMESTIC PRODUCT 国内生产
             总值
GDS   GOODS 货物
GFA   GENERAL FREIGHT AGENT 货运总代
             理人
GLESS   GEARLESS 无装卸设备
GMT   GREENWICH MEANTIME 格林威标准
             时间
GR   WT GROSS WEIGHT 总重,毛重
GSA   GENERAL SALES AGENT 销售总代理
GST   GOODS AND SERVICES TAX 货物和服
             务税

H

HF   HANDING FEE 操作费
HB/L   HOUSE BILL OF LADING 无船承运人提
             单(货代单)
HWB   HOUSE AIR WAYBILL 航空分运单
HWCS   HEAVY WEIGHT CONTAINER
             SURCHARGE 超重费

I

I.A.W.   IN ACCORDANCE WITH 按照,根据
ICD   INLAND CLEARANCE DEPOT 集装箱内
             陆验关堆场
IMDG   INTERNATIONAL MARITIME
             DANGEROUS GOODS (CODE)国际海运危

险货物运输规则

IMM   IMMEDIATELY 立即

IMO   INTERNATIONAL MARITIME ORGANIZATION 国际海事组织

IN.   INCH(ES) 英寸

INCL.   INCLUDING 包括……在内

INFO   INFORMATION 通知

INS   INSURANCE 保险

INTRM   INTERMEDIATE POINT 中途点

INV   INVOICE 发票

K

KG(S)   KILOGRAM(S) 千克

KM   KILOMETER 公里

KN   KNOT(S) 海里,节(航速单位)

KW   KILOWATT 千瓦

KWH   KILOWATT-HOUR 千瓦/小时

KWS   KNOTS 节/海里

L

LASH   LIGHTER ABOARD SHIP 载驳货船/子母船

LB(S)   POUND(S) 磅

L/C   LETTER OF CREDIT 信用证

L/D   LOADING AND DISCHARGING 装货和卸货

L.& D.   LOSS AND DAMAGE 灭失和损坏

L.& U.	LOADING AND UNLOADING 装和卸
LCL	LESS THAN CONTAINER LOAD（LESS THAN CAR LOAD）拼装箱货,拼装车货（零担货）
LDG	LOADING 装货
LEL	LOWER EXPLOSIVE LIMIT 最低爆炸点
LFL	LOWER FLAMMABLE LIMIT 最低燃点
LIFO	LINER IN FREE OUT 船东承担装货费,租船人承担卸货费
LKG/BKG	LEAKAGE & BREAKAGE 漏损和破损
L.O.A.	LENGTH OVERALL 全长
LO/LO	LIFT ON .LIFT OFF 吊上吊下方式
LOC.	LOCAL;LOCATION 当地的,定位
LOI	LETTER OF INDEMNITY 保函
LSD	LANDING,STORAGE AND DELIVERY CHARGES 卸货,存储和交货费
L.T.	LOCAL TIME 当地时间
L/T	LINER TERMS 班轮条款
LTR.	LIGHTER 驳船
LUMP	LUMP SUM 包干费
LC	LOCAL CHARGE 当地费用

M

M	METRE(S) 公尺
M3	CUBIC METRE(S) 立方米
MAT	MATERIAL 资料
MAWB	MASTER AIR WAYBILL 航空主运单

MDSE   MERCHANDISE 商品

MFN   MOST FAVOURED NATION 最惠国

M. H.   MERCHANTS HAULAGE（集装箱）货方接运

M/R   MATE'S RECEIPT 大副收据

MI   MILE(S) 英里

MOS   MONTHS 月

MSBL   MISSING BILL OF LADING 丢失的提单

MSCA   MISSING CARGO 丢失的货物

MTD   MULTIMODAL TRANSPORT DOCUMENT 多式联运单据

MTO   MULTIMODAL TRANSPORT OPERATOR 多式联运经营人

N

N   NORMAL（RATE CLASSIFICATION） 标准（运价等级）

NA   NOT APPLICABLE 不适用

NAOCC   NON AIRCRAFT OPERATING COMMON CARRIER 无航空经营权的公共承运人

NVOCC   NON VESSEL OPERATING COMMON CARRIER 无船承运人

NAWB   NEUTRAL AIR WAYBILL (FORWARDERS AIR WAYBILL) 航空货运代理运单

NCV   NON CUSTOMS(COMMERCIAL)

VALUE 无商业价值

N.L.T.   NOT LATER THAN 不迟于

N/N   NON-NEGOTIABLE 不能转让的

N.,   NO，NR. NUMBER 编号

N/O   NO ORDERS 无订单

NT WT   NET WEIGHT 净重量

N.V.D.   NO VALUE DECLARED 无申报价值

O

O.B.S.   OIL BUNKER SURCHARGE 燃油附加费

OB/L   OCEAN BILL OF LADING 海运提单

O/D   ON DECK 甲板货

ODS   OPERATING DIFFERENTIAL SUBSIDY 营运补贴

OFA   OCEAN FREIGHT AGREEMENT 海运运价协议

ONRS   OWNERS 船东

O.R.   OWNER'S RISK 船东所有人承担风险

OT   OPEN TOP(CONTAINER) 开顶式集装箱

O/T   OVERTIME 加班

O/B   ON BOARD DATE 装船日

O.F.   OCEAN FREIGHT 运费

P

PAYT   PAYMENT 支付

P.B.A.   PAID BY AGENT 代理人支付

P & D   PICK UP AND DELIVERY 接运和支付

P. & I.   PROTECTION AND INDEMNITY
           ASSOCIATION 保赔协会
P. & I.   PROTECTION AND INDEMNITY
           CLAUSE 保赔条款
P. & L.   PROFIT AND LOSS 损益表
P/C   PARAMOUNT CLAUSE 首要条款
PC   PART CARGO 部分货物
P.C.F.   POUNDS PER CUBIC FOOT……磅/每立
           方英尺
PCT   PERCENT 百分比,百分之
P.CHGS.   PARTICULAR CHARGES 特别费用
PD.   PAID 已付的
PKG   PACKAGE 件
P/L   PARTIAL LOSS 部分损失
PLTC   PORT LINER TERM CHARGES 港口班轮
           条款费用
P/N   PROMISSORY NOTE 期票
P/O   PURCHASE ORDER 订单
POD   PORT OF DISCHARGE 卸货港
POL   PORT OF LOADING 装货港
P.T.W.   PER TON WEIGHT 每重量吨
PSS   PEAK SEASON SURCHARGE 旺季附加费
PKL   PACKING LIST 装箱单

Q

Q   QUANTITY（RATE CLASSIFICATION）
           数量(费率等级)

QLTY	QUALITY 质量
QTY	QUANTITY 数量
QN	QUOTATION 引证,报价单
Q.V.	QUOD VIDE(WHICH SEE) 见该项,参阅

R

R	REDUCED CLASS RATE(RATE CLASSIFICATION) 降低等级费率
RCPT	RECEIPT 收据
RCVD	RECEIVED 收讫(发票)
R/C	RETURN CARGO 回程货
RCU	RATE CONSTRUCTION UNIT 运价结构单位
RE	REFER TO/REGARDING 有关
RED.	REDUCED 降低
REF	REFERENCE 参考
REP	REPRESENTATIVE 代表
RGDS	REGARDS 问候
R.I.	REINSURANCE 分保,再保险
R/O	ROUTING ORDER 指定货
R.O.G.	RECEIPT OF GOODS 货物收据
RO/RO	ROLL-ON/ROLL-OFF 滚动装卸运输
R.T.B.A.	RATE TO BE ARRANGED 费率另议(费率按协议)
RY.	RAILWAY 铁路

S

S	SURCHARGECHARGE(RATE CLASSIFICATION) 附加费率
SB	SAFE BERTH 安全泊位
SBT	SEGREGATED BALLAST TANK 分隔压载舱
S/C	SURCHARGE 附加费率
S & C	SHIPPER AND CARRIER 托运人和承运人
S.& F.A.	SHIPPING AND FORWARDING AGENT 海运和货运代理
SCHDL	SCHEDULE 时间表
SCR	SPECIFIC COMMODITY RATE 特殊商品费率
S.D	SMALL DAMAGE 小额损失
SDR	SPECIAL DRAWING RIGHT 特别提款权
SF	STOWAGE FACTOR 积载因素
SHIPT	SHIPMENT 货载
SLD	SAILING DATE 开航日期
S.L.& C.	SHIPPERS'LOAD AND COUNT 托运人装箱计数
SLI	SHIPPERS LETTER OF INSTRUCTION 托运人说明书
S.O.L.	SHIPOWNER'S LIABILITY 船舶所有人的赔偿责任
SOLAS	SAFETY OF LIFE AT SEA 海上人身安全（公约）
SPD	SPEED 航速

SQ.CM(S) SQUARE CENTIMETER(S) 平方公分

SQ.IN(S) SQUARE INCH(ES) 平方英寸

SRCC STRIKE，RIOTS，CIVIL COMMOTIONS 罢工、暴乱和内乱

S/S STEAMSHIP 轮船

STOA SUBJECT TO OWNER'S APPROVAL 有待船东批准

SUB SUBJECT TO 有待于

S/O SHIPPING ORDER 托运单、装货单

T

T TON 吨

TACT THE AIR CARGO TARIFF(IATA) 空运费率表

TBL THROUGH BILL OF LADING 联运提单，直达提单

TBN TO BE NAMED(SHIP) 将被指定的(船)

T/C TIME CHARTER 期租合同

TCT TIME CHARTER ON TRIP BASIS 航次定期租船

TD TIME OF DEPARTURE 开航时间

TEU TWENTY FOOT EQUIVALENT UNIT (CONTAINERS)20 英尺集装箱

TIP TAKING INWARD PILOT 进港引航员上船

TL TOTAL LOSS 全损

TLECON TELEPHONE CONVERSATION 电话谈论

TLF TARIFF LEVEL FACTOR 运价水平系数

TLX	TELEX RELEASED 电放
TNGE	TONNAGE 吨位
T.O.D.	TIME OF DISPATCH 离港时间
T.O.R.	TIME OF RECEIPT 接收时间
TOT	TERMS OF TRADE 贸易条款
TOT.	TOTAL 全部的
TR	TARE(货物的)皮重
THC	TERMINAL HANDLING CHARGE 码头操作费/吊柜费

U

U.C.	USUAL CONDITIONS 通常条件
U.D.	UNDER DECK 甲板下,舱内
U.DK	UPPER DECK 上层甲板
U/W	UNDERWRITER 保险公司,担保人

V

VAL.	VALUE 价值
VAT	VALUE ADDED TAX 增值税
VES./VSL.	VESSEL 船舶
V/C	VOYAGE CHARTER 航次租船
VIC	VERY IMPORTANT CARGO 重要货物
VIO	VERY IMPORTANT OBJECT 重要物品
VIP	VERY IMPORTANT PERSON 贵宾
VOL	VOLUME 量,容量

W

W/B	WAY- BILL 运单
W.B.D.	WILL BE DONE 将完成
W/D	WORKING DAY(S) 工作日
WDT/WTH	WIDTH 宽（度）
W.E.F.	WITH EFFECT FROM 从（时间）开始有效
WT	WEIGHT 重量
WHSE	WAREHOUSE 仓库
WK.	WEEK 星期
W/M	WEIGHT/MEASUREMENT 重量/体积
W/O	WITHOUT 没有,在……外面
WOG	WITHOUT GUARANTEE 不作保证
W.P.A.	WITH PARTICULAR AVERAGE 单独海损险
W.R.	WAREHOUSE RECEIPT 仓库收据
W.R.T.	WAR RISK INSURANCE 战争险
WTS	WORKING TIME SAVED 节省的工作时间

X/Y

XPNS	EXPENSES 费用
YD	YARD 堆场
Y/L	YOUR LETTER 你的函件
Y/O	YOUR ORDER 你的订单

二版后记

　　2017 年 9 月 26 日是个好日子，也是我人生中最值得纪念的日子之一。在国家一级出版社、全国百佳图书出版单位——厦门大学出版社的大力支持下，本人的第一本专著《航运物流从业第一课》终于如期出版，并在美丽的筼筜湖畔的厦门金雁酒店举办首发仪式。

　　一切都在意料之中，也在意料之外。所谓的意料之中，就是在整理文稿准备出版时，本人对自己呕心沥血，集 15 年在世邦国际企业集团学习、管理、培训经验和心得的精华而整理出来的本书很有信心，相信对行业企业的管理培训，特别是新进员工的基本素质教育应该有一定的参考价值。

　　意料之外的是，众多企业对本书高度的肯定及赞赏让本人受宠若惊。首发仪式的现场，各企业就预订了 2 000 册，短短的几天时间，第一次印刷的 6 000 册基本已预售一空。在此特别感谢中航运物流俱乐部、厦门市国际货运代理协会等行业组织的大力支持；感谢厦门市国际货运代理协会会长、厦门中运海运集装箱运输有限公司总经理周敢飞先生亲临发布会现场并发表了热情洋溢的讲话；感谢美设国际集团葛善根董事长、全球捷运物流集团姚溯总裁、厦门旭盈物流股份有限公司叶熙总经理、典泰物流有限公司韩文松总经理、德翔航运厦门首席代表杨聪祥先生、厦门建发国际货运代理有限公司、厦门外代国际货运有限公司、中国外运福建有限公司等企业和个人的热捧（现场订购本书的单位和个人太多，请原谅篇幅有限无法一一列出），各位对本人的关怀和厚爱将铭记在心，永生难忘！

此书的热销，令本人诚惶诚恐、忐忑不安，为了不贻笑大方、误人子弟，本人利用国庆及中秋的 8 天长假在家里对原书稿再一次进行认真的校对和修改。由于水平有限加上时间仓促，本书初版确实存在一些明显的瑕疵和不足，结合全国各地同人的反馈意见，本人对第一章"企业文化建设"第 6 节"培养接班人"、第五章"营销技巧"第 4 节"人脉和深耕在销售中的作用"和第 7 节"如何突破销售的瓶颈"等内容做了比较详细的展开论述以求全书的完整。对本书中存在的一些瑕疵及同人指出的不足之处也做了修订，力求再版时能呈现更完美、准确的内容和资料。

特别鸣谢厦门市国际货运代理协会周敢飞会长、上海市国际货运代理行业协会李林海秘书长在百忙之中通读本书并为再版作序，令拙作增色许多。

为了回报社会和广大同人的肯定和厚爱，本人利用此书再版的机会郑重宣布：此书的稿费将悉数捐献给厦门市老年基金会等慈善机构，为社会慈善事业奉献微薄的心意。对所有购买本书的企业，本人承诺将在 2018 年到全国各地去与各企业、大专院校做公益性的交流、座谈或讲座，希望本书真正能在帮助企业提升管理水平，帮助年轻人尽快成才、实现梦想方面做出一定的贡献。

黄伟明

2017 年 11 月 18 日

§ 初版后记 §

有一种精神叫"中国女排"

2017 年新年钟声敲响之际,我在书桌边惬意地伸伸懒腰,听着电视里央视财经频道和新闻频道一直在盘点的 2016 年国内外政治、经济大事,我为自己因为坚持而完成自己人生梦想之一——写一本书而感到欣慰。

刚刚过去的 2016 年是一个"黑天鹅"频频出现的动荡年份:Alphago 以 4 : 1 的成绩狂胜围棋世界冠军李世石,英国通过公投决定脱离欧盟,特朗普赢得 2016 年的美国总统大选这三只最大的"黑天鹅";还有法国尼斯遭恐怖袭击,德国难民政策遭质疑导致新纳粹势力抬头,意大利公投否决修宪提案,年底的韩国总统"闺蜜门"事件导致总统朴槿惠被弹劾、跨年之夜的土耳其遭恐怖袭击等等"小黑天鹅",使原本已经脆弱的世界政治、经济蒙上了一层浓厚的雾霾,让人窒息和迷茫。

航运货代物流业 2016 年也是哀鸿一片,一整年全世界只有少数船公司盈利,大部分都出现巨额亏损,8 月底世界第七、韩国最大的船公司韩进海运无预警的破产倒闭事件已经让业界惊慌失措,手忙脚乱了一阵,随后各大船公司纷纷联盟或兼并或整合,世界船公司排行榜出现了巨大的变化。而跨年前的两周,阿里巴巴突然宣布与世界航运巨头马士基合作推出舱位宝,让货主直接通过阿里巴巴的平台订舱,不但在春节期间可以保证舱位需求,还提前锁定运价不浮动,使客户免除以往在春节旺季饱受困扰的订不到舱位以及船公司、货代、运输公司任意涨价之苦。广大中小国际货代企业一夜醒来惊呼业界的世界末日到了!

2017年,美国当选总统特朗普上台后会采取什么样的政治、经济政策,将怎样影响这个世界?最大的变数还是来自于欧洲,英国还会留在欧盟吗?德国总理默克尔会下台吗?谁将赢得法国大选?意大利右翼势力会上台吗?这些未来的"黑天鹅"将怎么影响这个世界政治、经济的走向,现在应该没有哪一个政治或经济评论员敢给予明确的答案,但可以确定的是2017年的世界经济将持续徘徊于萧条低迷之谷,难以复苏。

动荡飘摇的2016年中最令中国人振奋的事件当数8月份举行的里约奥运会,中国女排经过两个小时的苦战最终以3:1的比分,在先失一局的不利情况下,靠发球、拦网、扣杀连夺三局,战胜身体素质比自己强壮的塞尔维亚队,时隔12年重夺奥运女排冠军,登上了最高的领奖台!

那一天,好友圈都被刷爆了,都在点评、称赞中国女排,称赞主教练郎平!

1980年以后出生的年轻人,可能不太理解中国女排对中国一代人意味着什么?35年前,当国家开始拨乱反正、百废待兴之时,国人茫然无措、难掩自卑之际,是中国女排从1981年至1986年创造了世界女排5连冠的伟业,给国人带来了信心,激励了一代人自强不息、努力拼搏去追赶世界强国,在那个峥嵘岁月,以现在主教练郎平为主攻手的中国女排就是民族精神的体现!

35年过去了,中国已发生了翻天覆地的变化,更成为世界第二大经济体,人民也都过上小康的生活,中国已有很多种方式展现国家形象和民族精神。而女排的成绩也因为世代交替、教练更换等因素而出现了一些起伏,但"中国女排精神"已经深深地刻在无数中国人的心里,它依然是爱国主义和民族自豪感的体现。中国女排精神其实是一个正能量的集合体,而其中最主要的就是拼搏、坚持和团队的精神,特别是主教练郎平女士,在女排最低谷的时期,义无反顾地舍弃个人家庭的幸福,不顾病痛的困扰,回国应聘,用身先士卒的榜样力量,把新组建的年轻团队重新带到了世界体育之巅,令人敬佩!

从中国女排的胜利,我们可以领悟到,任何问题都有一个解决办法,而你的任务就是找出这个办法!成功没有技巧,如果说存在这样一种成功的技巧,那就是专心致志的能力和无路可走时选择最佳路线的技巧。

面对未来这么多的不确定性,陈春花教授说:"不景气的环境是好公司的机会。"我时常感恩自己非常幸运能在一生最美好的时光到世邦集团工作。集团董事长李健发先生强调"企业赚钱要有格局","没有船的船代和没有货的货代,就像没有根的浮萍是没有未来和希望的",所以在整个航运界最低迷的时候,世邦集团于2013年成立了自己的船公司"世邦海运股份有限公司",开始了买船、造船的投资计划,连现任台湾阳明海运董事长谢志坚先生都对李董事长的雄才大略表示钦佩。放眼世界航运货代业,世邦集团是屈指可数的,从传统的货物承揽企业一路发展成为集货物承揽、船舶代理、船舶管理及租赁、船舶运营、国际贸易、供应链管理、项目物流等覆盖全产业链的第三方物流服务供应商,可以为全球客户提供周到、贴心、优质、高效的全面服务。

所以不管前面的路多么曲折坎坷、荆棘密布,只要我们向中国女排健儿们学习永不放弃、永不言败的拼搏精神,勇担责任、互相激励的团队精神,坚持梦想、踏实前行的务实态度,我们就能战胜一切困难和挫折,实现梦想,取得成功!

就像我,一开始只是坚持把看到的好书好文章的读后感做成"每周一文"跟同事分享,再发展到有系统地编写教材、到企业学校去讲课,到后来受同人们的鼓励萌发了将这15年来的每周一文、培训课件整理成册的念头。从收集资料开始至今有半年的时间,特别是10月份我生日过后,我的速度就加快了,差不多用一周一章的速度在进行着,其间我还主持公司的日常工作,经常出差,任职的商协会也有很多活动。不少同人非常惊讶我在那么繁重的工作之外,还有时间完成这么艰巨的任务,这一切就是梦想的力量、坚持的力量!

最后我要感谢我的家人,因为我是个工作狂,没有他们的无私奉献和支持,我是不可能全身心地投入工作和学习中的;我要感谢世邦国际企业集团的李健发董事长、阮文钦副董事长、阚壮兴董事等领导,没有他们的信任和关爱,没有世邦给予我的舞台,我不可能取得今天的成绩;我要感谢自己职业生涯中两位至关重要的贵人——我的中学同学黄毅红女士,她在1992年把我推荐进美商海陆(Sea-Land Service),从此我进入航运界奋斗至今25年;还有时任东方海外(OOCL)福建地区总经理的范姜文先生,是他在2001年年底把我推荐进"世邦",造就了现在的我;感谢世邦集团李董事长和中外运集装箱运输有限公司徐秋敏总经理在百忙中抽空为本书作序,令拙作增色不少;感谢我在厦门的同事陈守勤、林彩琼、孙俪玲、周莹、史云、陈小玲、林希盈、陈明恋、王康等人在我编写此书时帮我收集资料、整理文稿,没有他们此书根本不可能完成!

要感谢的人还有很多,无法一一列出,如果说我的职业生涯取得了一点小小的成绩,除了自身的努力,我一直感恩老天的厚爱庇佑,感恩我身边前辈精英们的指导和爱护,感恩我所有同事对我的力挺和关爱……没有他们，即使我再努力也将一事无成，我将一直怀着一颗感恩的心在未来之路上尽我所能回报大家、回报社会！

2017 年 1 月